MEMOIRE
en Images

LE PERCHE
DE GARE EN GARE

Fils de proscrit du 2 décembre 1851, filleul de Victor Hugo, Paul Deschanel naquit en 1855 à Bruxelles. Nommé sous-préfet de Dreux en 1877, élu député républicain de l'Eure-et-Loir en 1885 puis de Nogent-le-Rotrou en 1889, il est ensuite constamment réélu. Il devient président de la Chambre des députés en 1898. Battu en 1902, il retrouve son fauteuil en 1912 et est élu président de la République (contre Clemenceau) en 1920. Obligé de céder sa place pour cause de santé en septembre de la même année, après sa chute nocturne du train présidentiel près de Montargis, il est réélu sénateur de l'Eure-et-Loir en janvier 1921. Il meurt à Paris le 28 avril 1922 des suites d'une pleurésie. Il était académicien depuis 1899. Grâce à ses appuis politiques, la région « Perche Eure-et-Loir » lui doit beaucoup dans le développement de son réseau ferroviaire.

MEMOIRE

en Images

LE PERCHE

DE GARE EN GARE

Jacky Lecomte

ALAN SUTTON

Dans la même collection

Les « Mémoire en Images » thématiques

A.C.F. - Dunkerque (constructeurs de navires)
Dans le ciel Seine-et-Marnais (aviation)
La Petite Ceinture
Le circuit de Boulonnais
Le métro de Paris (Les premières lignes)
Le Quevilly (Le dernier pétrolier à voiles)
Les écoles rennaises
Pêcheurs morutiers (Le grand métier)
Sur la ligne de Lison à Lamballe (chemin de fer)

Editions Alan Sutton
8, rue du Docteur Ramon
37540 Saint-Cyr-sur-Loire

Première édition septembre 2002

ISBN 2-84253-771-8

Dépôt légal : septembre 2002
Imprimé en Grande-Bretagne par Midway Colour Print, Wiltshire

Sommaire

Remerciements

Toutes les cartes postales présentées dans cet ouvrage proviennent de collections privées.

L'auteur remercie mesdames et messieurs R. Bellanger, D. Châble, M. Coiffait, B. Coupry, Cl. Dancray, Ch. Guen, D. Guillemin, M. Jourdain, M. Leroy, M. Loutellier, G. Pigray, M. Queinnec, P. Renaud et Ph. Siguret pour lui avoir ouvert leur collection ou l'avoir aidé dans ses recherches.

Il remercie également les personnels des Archives départementales de l'Orne, de la Sarthe, de l'Eure-et-Loir, de la bibliothèque de Nogent-le-Rotrou, du musée des ATP du Perche à Saint-Cyr-la-Rosière, de la mairie de Rémalard, mademoiselle Catherine Guimond, conservatrice du musée percheron de Mortagne, et Stéphane Cortot ainsi que les Archives municipales de Nogent-le-Rotrou.

Il remercie de sa précieuse collaboration Michel Ganivet du Pin Communication ainsi que Ph. Siguret, C. Bacchi et P. Cirou pour leurs souvenirs de jeunesse.

Bibliographie

Le Perche, le Nogentais, le Bellêmois, la Liberté du Perche (journaux).
Almanachs du Bonhomme Percheron.
Annuaires de l'Orne et de l'Eure-et-Loir.
Catalogue des ATP du Perche : « *Marcher, rouler, circuler dans le Perche* ».
Bulletin de la Société d'agriculture de la Sarthe. LXIV. 1953.
Chemins de Fer Régionaux et Urbains, FACS 1989 (2), 1931 (1), 1997 (4).
Lansonneur A., *Bulletin du Cercle philatélique de l'Aigle*, 1966.
Le Journal de la France, J. Tallandier. T. IV, 1972.
La route et le rail, CDDP, Chartres, 1980.
Le siècle des petits trains, Ed. Cénomane, 1985.
Livret Chaix, Chemins de Fer de l'Ouest, Paris, 1879.
La libération du Perche, M. Ganivet, Fédération Amis du Perche, 1997.
Archives Départementales de l'Orne, de la Sarthe et de l'Eure et Loir.
Quid 1995.

En souvenir de mes grands-parents
maternels Adolphe et Alice Bonnet.

Quelques dates concernant les chemins de fer français… et percherons

Le 1er mars 1832 fut inaugurée la ligne Saint-Etienne-Andrezieux, consacrée au service voyageurs. D'une longueur de 21 kilomètres, la traction était assurée par des chevaux.

Le 24 août 1837 eut lieu l'inauguration de la ligne Paris-Saint-Germain-en-Laye. Le trajet durait 26 minutes en locomotive à vapeur. Il y avait un départ toutes les heures entre 7 heures du matin et 10 heures le soir.

Le 8 mai 1842 on déplora la première catastrophe ferroviaire en France dont la victime la plus connue fut le célèbre navigateur scientifique Dumont d'Urville, natif de Condé-sur-Noireau.

Le 11 juin 1842 une loi institua la construction de six grandes lignes reliant Paris à Lille, au Havre, à Nantes, à Bordeaux, à Marseille et à Strasbourg.

En 1846 fut mis en service le premier train de nuit.

Le 28 mai 1854 fut inauguré le tronçon Nogent-le-Rotrou-Le Mans sur la ligne Paris-Nantes.

En 1856, mise en service de la ligne Le Mans-Alençon.

En 1873, ouverture de la ligne Alençon-Condé-sur-Huisne.

En 1881 fut mise en service la ligne La Hutte-Coulombiers-Mamers-Mortagne, avec embranchement sur L'Aigle et Sainte-Gauburge.

En 1887 fut ouvert le tronçon au service voyageurs Arrou-Nogent-le-Rotrou sur la ligne Patay-Nogent-le-Rotrou.

En 1899 fut inaugurée la ligne La Loupe-Brou.

En 1908 fut ouvert le service voyageurs puis marchandises de la ligne du tramway Brou-Nogent-le-Rotrou.

En 1913 fut inaugurée la ligne du tramway Mortagne-sur-Huisne-La Loupe.

En 1931, mise en circulation du premier autorail sur pneus Michelin (devenu *micheline*).

En 1937 les premières loco-diesel électriques circulèrent sur la ligne Paris-Dijon.

En 1938 la ligne Paris-Bordeaux fut la première grande ligne entièrement électrifiée.

En 1972 on vit passer le dernier convoi voyageurs à vapeur.

Le 26 février 1981 le record du monde de vitesse sur rails, 380 km/h, fut battu par le TGV Sud-Est.

Le 18 mai 1990 un nouveau record du monde de vitesse, 515,3 km/h, fut battu par le TGV Atlantique.

Le Rennes-Paris entrant dans le Perche à la veille de la Première Guerre mondiale.

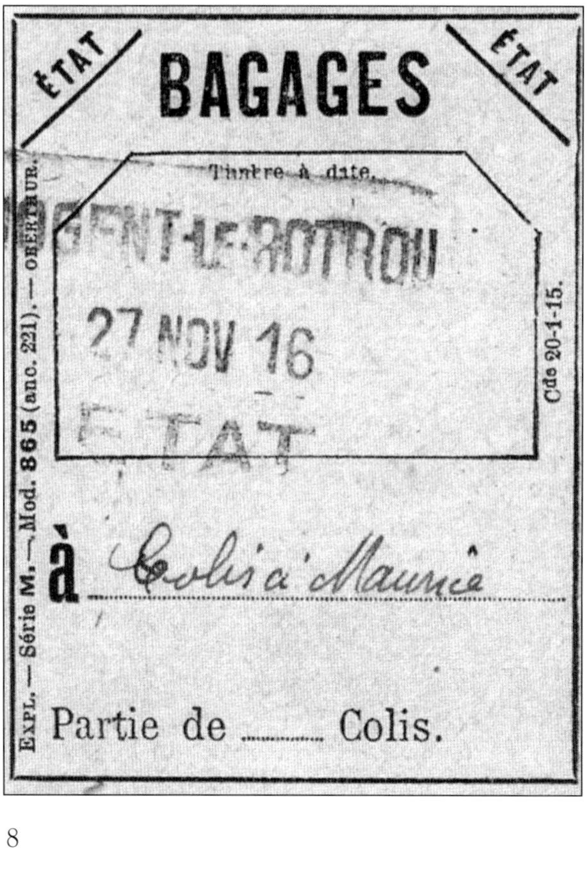
ÉTAT BAGAGES ÉTAT

Timbre à date

[NO]GENT-LE-ROTROU
27 NOV 16
ETAT

à Colis à Maurice

Partie de .... Colis.

EXPL. — Série M. — Mod. 865 (anc. 221). — OBERTHUR.

Cde 20-1-15.

Récépissé de dépôt de bagages en gare de Nogent-le-Rotrou, novembre 1916.

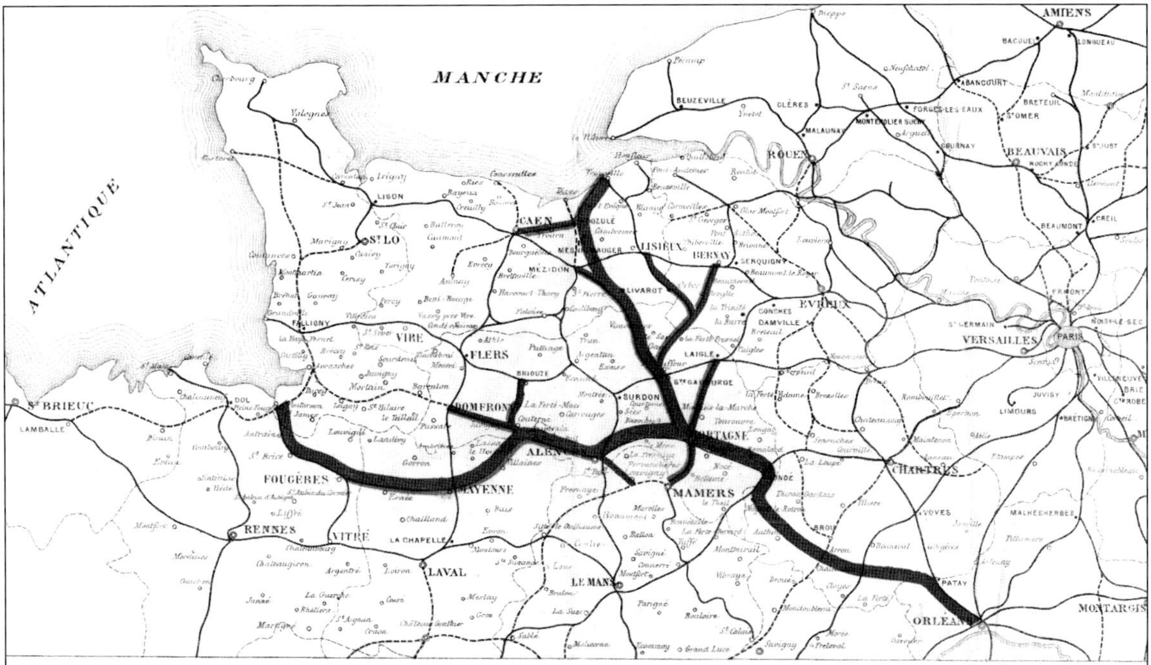

CHEMINS DE FER D'ORLÉANS A LA MER.

Comité de fondation : **M. DONON** Président

Parmi les Participants :	*La Société de Dépôts et Comptes Courants*	Capital	60 millions
	La Banque de Turin.	„	50 „
	La Société financière de Paris	„	40 „
	La Banque internationale à Luxembourg	„	20 „
	et diverses maisons de banque		

Le tracé rouge représente le projet d'Orléans à la Mer.

Les parties de ce tracé bordées d'un liseré vert représentent les lignes déclarées d'utilité publique par la loi votée le 16 Décembre 1875.

Si l'on regarde bien ce plan de 1876, Mortagne avait une belle « carte » à jouer dans ce vaste projet de joindre Orléans à la mer par voies ferrées puisqu'on n'avait pu le faire au moyen de canaux.

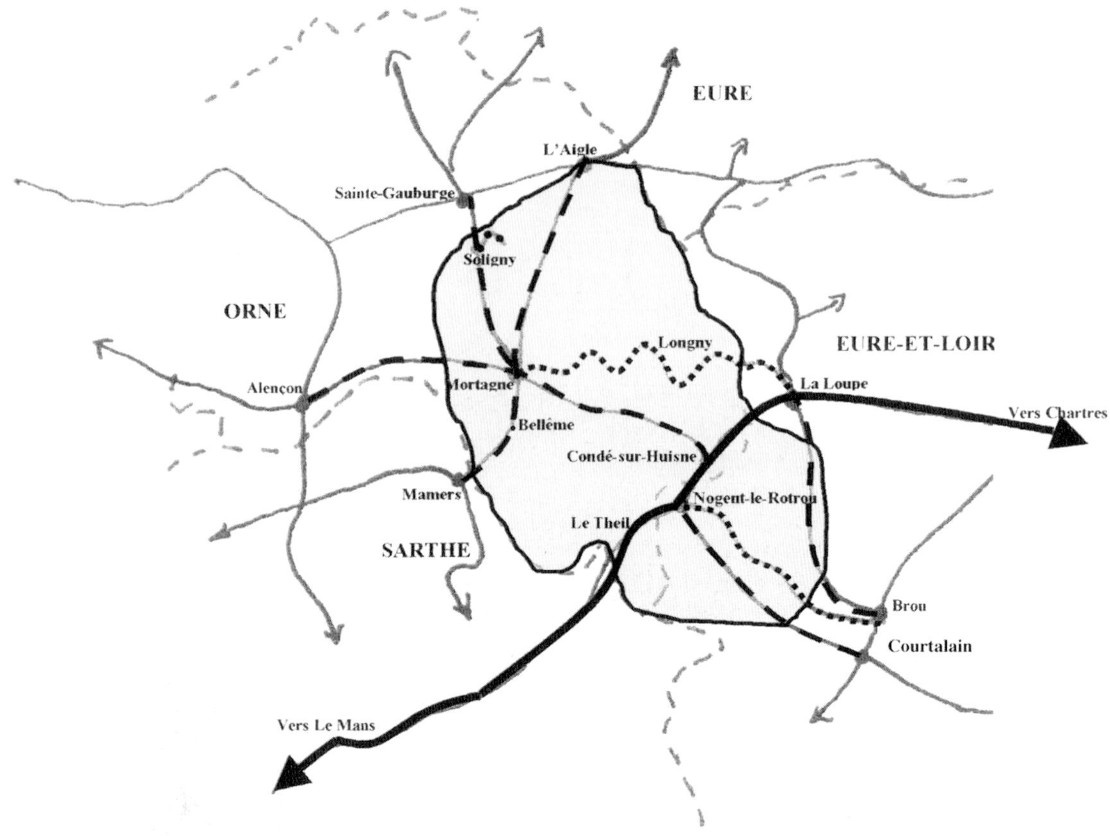

Carte du réseau férré du Perche à la Belle Epoque
: Lignes Paris – Le Mans
: lignes d'intérêt local
: lignes de tramways
: ligne privée de Soligny – la Trappe

Le Perche ferroviaire au temps de sa splendeur. Neuf lignes serpentent entre nos collines à l'aube de 1914.

I
Ligne de Paris au Mans

Le 7 septembre 1852, la locomotion à vapeur arrivait aux portes du Perche avec la mise en service de la ligne du Chemin de fer de l'Ouest Chartres-La Loupe. Et ce ne fut qu'en février 1854, après la réalisation de travaux colossaux, que Nogent-le-Rotrou fut atteint. En effet, il fallut franchir un massif argilo-ferrugineux d'importance aux confins de l'Eure-et-Loir et de l'Orne avant d'atteindre Bretoncelles. Pour ce faire, les ingénieurs Ducos et Boulongne envisagèrent d'abord le percement d'un tunnel. Mais, compte tenu des problèmes d'infiltrations et d'évacuation des eaux, ils y renoncèrent au profit d'une tranchée. Aidés de 1 200 ouvriers, ils éventrèrent le terrain en creusant une tranchée de quatre kilomètres de longueur sur des hauteurs qui atteignirent parfois les quinze mètres. L'évacuation de plus d'un million de mètres cubes de terre et la construction de six viaducs en rognons de silex et pierres de taille de Nocé retardèrent la jonction avec la section Le Mans-Nogent-le-Rotrou. Le 28 mai 1854, les gares de Nogent-le-Rotrou et du Mans étaient inaugurées en grande pompe. Dix sept ans plus tard, elles voyaient (du 6 avril au 10 septembre 1871) quarante convois composés chacun de vingt wagons de marchandises dans lesquels étaient entassés 22 000 communards qui étaient transférés de Versailles à Brest ou La Rochelle-Rochefort, lieux de leur détention. Electrifiée en 1937 dans le cadre des grands travaux nationaux décidés en 1934, cette ligne reste aujourd'hui la seule voie ferrée en activité dans notre région. Ci-dessus, travaux de tranchée entre La Loupe et Bretoncelles (*De Paris à Laval*, Hachette 1856).

A la jonction de la Beauce et du Perche, la gare de La Loupe fut inaugurée en juillet 1852.

Bien que ces dernières décennies le bâtiment-gare ait disparu, ne vous y trompez pas, ce n'est pas la gare de Bretoncelles qui est présentée sur cette carte, mais simplement un montage réalisé par le Nogentais Jules Renoult, l'un des plus prolifiques photographes de la région.

Le 21 novembre 1870, cette gare fut le théâtre de violents affrontements entre un détachement avancé de l'armée prussienne du duc de Mecklembourg et une compagnie d'infanterie de marine arrivée en renfort, le matin même, de Cherbourg. Malgré la vaillance des marsouins, et devant la supériorité numérique et la puissance de feu des attaquants, le combat tourna court. Le capitaine Pommerelle, commandant la compagnie, et 25 de ses hommes furent tués au combat.

En 1944, les gares eurent encore le malheur d'attirer les bombes sur elles. Heureusement, certains riverains en avaient, pour d'autres raisons, tiré avantage, atténuant ainsi les maux de l'Occupation. Voici le témoignage d'un de ces proches de lignes qui résidait près de cette passerelle : « *Pendant la guerre, nous habitions à proximité de la voie ferrée. Nous manquions de bois. Mon oncle, qui était mécanicien sur la ligne, nous balançait quelques pelletées de charbon dans notre jardin à chacun de ses passages, ce qui nous a permis de nous chauffer pendant toute cette période…* ».

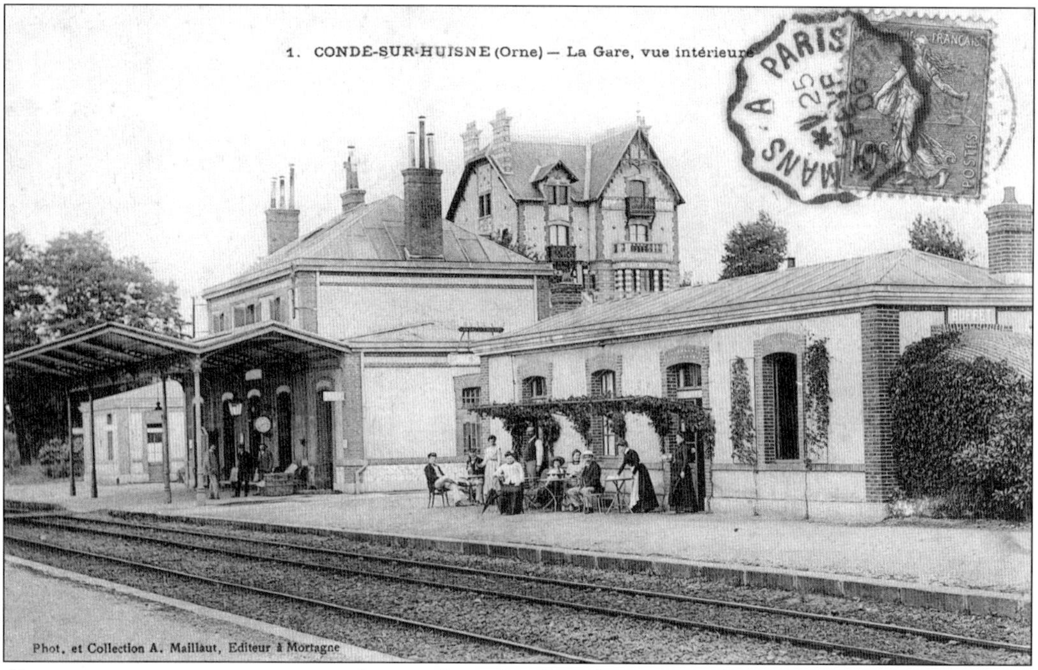

On sirotait une anisette ou une limonade, à l'ombre d'une tonnelle, dans l'attente d'un train toujours ponctuel. C'était un peu cela la Belle Epoque à la gare de Condé-sur-Huisne.

Le personnel, composé d'une vingtaine d'agents, pose quant à lui pour la postérité. Le chef de gare d'alors avait pour nom Lecouvé.

La loi du 15 juillet 1845, réactualisée en 1897, stipule que « *Tout chemin de fer devait être clos des deux côtés et sur toute l'étendue de la voie. En aucun cas la dispense de clôture ne serait accordée à une compagnie lorsque, sur ses lignes, circuleront plus de trois trains par heure...* » d'où ces lices blanches ! (Coll. Renaud).

L'hôtel Boucher propose la location d'automobiles aux éleveurs américains qui souhaitent sillonner le Perche « *de borderie en borderie* » dès l'arrivée du printemps.

Il est 9 h 30 à la pendule de la gare de Nogent. Monsieur Thibault, agent des automobiles Peugeot, Renault et Daracq au 29, rue de Charronnerie, attend près de sa voiture de louage le B 20 en provenance du Mans qui doit entrer en gare à 9 h 42.

1913 sera l'année de l'apogée du rail. Il concerne 72 % du trafic marchandises et voyageurs. Près de 120 trains, de marchandises en grande majorité, défilent quotidiennement dans la gare.

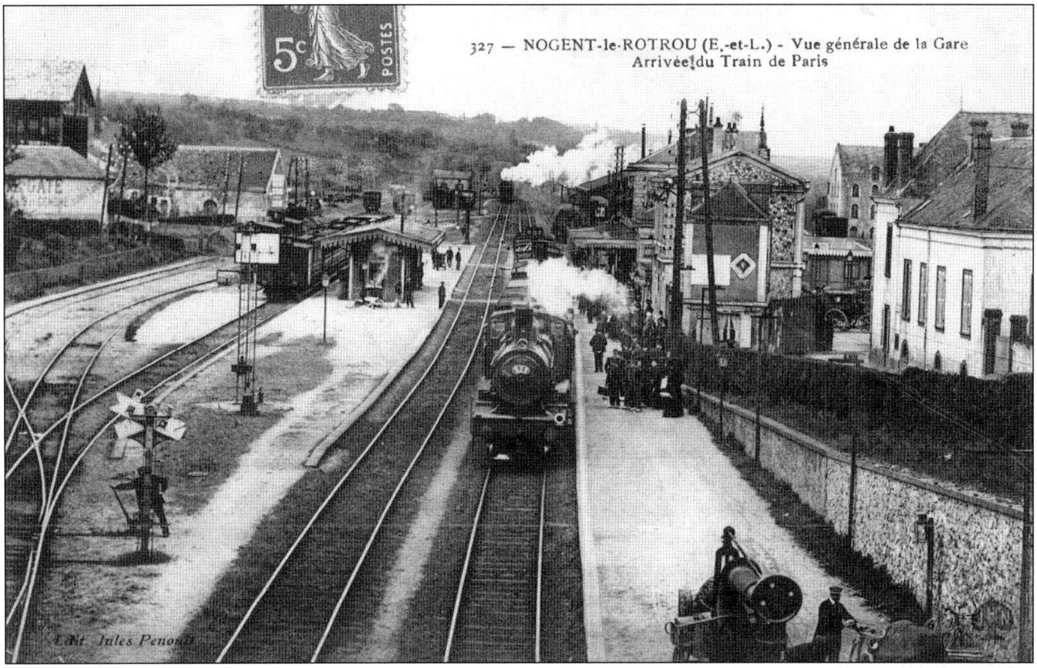

En 1912 le trafic voyageurs a atteint les 118 000 personnes. Nogent est, de loin, la gare percheronne la plus importante en ce domaine.

« En voiture s'il vous plaît ! » L'hôtel du Chêne Doré, tenu par la famille Luton, au 7 de la rue Giroust, assure la correspondance de ses clients avec le chemin de fer par le biais d'une rutilante patache.

Rien à ajouter à la légende de cette carte, si ce n'est que les jours de fête ont quasiment disparu en ce lieu bucolique.

Ce que ne précisait pas le document précédent, c'est qu'on ne pouvait s'y rendre en train, l'Express ou le Rapide ne laissant sur place qu'un panache de fumée.

Invité par son ami Deschanel, Raymond Poincaré, alors président de la République, rendit visite aux Nogentais en ce 26 octobre 1913. Tout avait été prévu pour accueillir dignement le chef de l'Etat : concerts, fête d'aviation, banquet, feu d'artifice, bal public… Seul l'orage qui éclata en début d'après-midi n'avait pas été invité, ce qui ne l'empêcha pas d'éventrer la tente qui abritait la salle de restaurant, d'emporter les décors, d'envoler les nappes et les serviettes, de briser la vaisselle et, ô crime de lèse-majesté, de réduire en menus morceaux le buste de Marianne.

L'attente fut longue sous la pluie. Enfin, à 16 h 20, l'illustre hôte arriva en gare. Le comité d'accueil se composait de 29 voitures hippomobiles dont 10 étaient réservées à la presse et de deux voitures automobiles affectées aux services de sécurité. Le banquet rassembla 800 personnes et l'on précipita quelque peu le service car le président tenait à ne pas *« rater »* le train du retour.

Le signe * indique un arrêt pour laisser des Voyageurs et non pour en prendre. **PARIS A BREST.** Les heures comprises entre deux filets ═══ indiquent un arrêt pour prendre des Voyageurs et non pour en laisser.

1re classe	2e classe	3e classe	DIST.	GARES.	17	3 EXPRESS	7	35	5 EXPRESS	9 Rapide	11	13 EXPRESS	15	31	19 DIRECT	21 DIRECT	23
					1re 2e 3e	1re 2e cl. -(a)-	1re 2e 3e	1re 2e 3e	1re 2e cl. -(b)-	1re cl. --(c)-	1re 2e 3e	1re 2e cl.	1re 2e 3e	1re 2e 3e	1re 2e cl.	1re 2e cl. -(d)-	1re 2e 3e
fr. c.	fr. c.	fr. c.	kil		matin	matin	matin	matin	matin	matin	jour	soir	soir	soir	soir	soir	soir
»	»	»	»	**Paris** St-Lazar dép.	»	»	»	»	»	11 25	»	»	»	»	»	9 15	»
				Paris Montpar dép.	9 30	7 30	8 »	10 25	10 50	»	midi 50	5 »	5 30	7 30	8 »	»	10 30
De Paris.				Bellevue	9 44	»	8 15	»	»	»	1 4	»	5 44	»	»	»	10 4[illegible]
»	»	»	»	**Versailles**(chant).	9 57	7 51	8 30	10 52	11 13	11 59	1 17	5 26	5 59	7 53	8 24	9 52	11 10
2 65	2 »	1 45	22	Saint-Cyr (emb.)	10 8	»	8 42	11 3	»	»	1 28	»	6 10	8 4	»	»	11 23
3 45	2 55	1 85	28	Trappes	10 18	»	8 54	»	»	»	1 38	»	6 20	8 14	»	»	11 35
4 05	3 »	2 25	33	Laverrière	10 28	»	9 4	11 17	»	»	1 48	5 49	6 30	8 24	»	»	11 46
4 65	3 50	2 55	38	Les Essarts-le-Roi.	10 38	»	9 14	»	»	»	1 58	»	6 40	8 34	»	»	11 57
5 15	3 90	2 55	42	Le Perray	10 47	»	9 23	»	»	»	2 7	6 2	6 49	8 43	»	»	min. 7
5 90	4 45	3 20	48	**Rambouillet**	10 56 matin	8 29	9 36	11 37	11 52	»	2 19	6 13	7 1	8 52	9 9	10 30	min. 22
7 50	5 60	4 10	61	Epernon		»	9 53	11 51	»	»	2 35	»	7 17	soir	»	»	min. 42
8 50	6 35	4 65	69	Maintenon		8 51	10 9	midi 2	midi 15	»	2 46	6 35	7 30		9 36	10 53	1 »
9 60	7 20	5 25	78	Jouy	1	»	10 23	»	»	»	2 59	»	7 43	...	»	»	»
»	»	»	82	Villette-St-Prest(h) (1)	123 cl.	»	10 29	»	»	»	»	»	7 49	...	»	»	»
10 80	8 10	5 90	88	**Chartres** (B) .. arr.	matin	9 11	10 37	midi 22	midi 35	1 11	3 12	6 55	7 56	...	9 58	11 13	1 33
				dép.	5 30	9 19	10 55	jour	midi 40	1 19	3 17	7 10	8 9	...	10 6	11 21	1 48
12 20	9 10	6 70	99	St-Aubin-St-Luperce	5 47	»	11 15		»	»	3 33	»	8 25	...	»	»	»
13 »	9 75	7 20	106	Courville	5 59	»	11 29	...	»	»	3 45	»	8 37	...	»	»	»
14 »	10 55	7 70	114	Pontgouin	6 13	»	11 43	...	»	»	3 57	»	8 49	...	»	»	»
15 25	11 40	8 40	124	La Loupe	6 34	10 3	midi 5	..	1 20	»	4 15	7 53	9 7	...	10 55	min. 4	2 57
16 60	12 45	9 10	135	Bretoncelles	6 48	»	midi 20	...	»	»	4 29	»	9 21	...	»	»	»
17 35	13 »	9 55	141	Condé	6 58	10 22	midi 31	..	1 39	»	4 39	»	9 31	...	»	»	»
18 35	13 75	10 10	149	**Nogent-le-Rotr.**	7 12	10 35	midi 46	...	1 51	2 23	4 53	8 22	9 46	...	11 26	min. 33	3 38
19 55	14 65	10 75	159	Le Theil	7 27	»	1 2	...	»	»	5 8	»	10 1	...	»	»	»
20 95	15 70	11 45	170	**La Ferté-Bernar**	7 43	11 »	1 20	...	2 17	»	5 24	8 47	10 18	...	11 53	min. 58	4 15
22 05	16 55	12 15	179	Sceaux	7 57	»	1 34	...	»	»	5 37	»	10 32	...	»	»	»
23 »	17 25	12 65	187	Connerré	8 11	11 20	1 50	...	2 37	»	5 51	9 7	10 46	...	min. 15	»	4 45
23 90	17 90	13 10	194	Pont-de-Gennes	8 21	»	2 »		»	»	6 1	»	10 56	...	»	»	»
24 40	18 30	13 40	198	St-Mars-la-Brière	8 29	»	2 8	25	»	»	6 9	»	11 4	...	»	»	»
25 »	18 75	13 75	203	Yvré-l'Evêque	8 39	»	2 18	123 cl.	»	»	6 19	»	11 14	...	»	»	»
26 »	19 45	14 30	211	**Le Mans** (B) .. arr.	8 50	11 44	2 30	soir	3 1	3 25	6 30	9 31	11 25	...	12*42	1 41	5 20
				dép.	9 55	midi 8	soir	4 35	3 9	soir	7 40	soir	min. 30	...	»	matin	5 40
27 50	20 60	15 10	223	La Milesse	10 15	»		4 55	»	Train allant à Angers.	8 2		»	...	»	Train allant à Angers.	6 »
28 60	21 45	15 70	232	Domfront (Sarthe)	10 32	»	...	5 12	»		8 21	...	»	...	»		6 17
28 90	21 70	15 95	235	Conlie	10 42	»	...	5 22	»		8 32	...	»	...	»		6 28
30 40	22 80	16 70	247	Sillé-le-Guillaume	11 6	midi 52	...	5 45	3 47		8 59	...	1 15	...	*1 36		6 52
31 45	23 35	17 15	253	Rouessé-Vassé	11 16	»	...	5 54	»		9 10	...	»	...	»		7 1
32 15	24 05	17 70	262	Voutré	11 30	»	...	6 8	»		9 28	...	»	...	»		7 15
33 25	24 95	18 30	270	Evron	11 49	1 19	...	6 24	4 13		9 46	...	1 45	...	*2 5		7 31
					a	b	c	d		e	f	g	h	i	j	k	l

PRIX DES PLACES DE PARIS (Montparn.) AUX GARES DE LA LIGNE D'ORLÉANS

GARES.	1re classe	2e classe	3e classe
	fr. c.	fr. c.	fr. c.
Redon	54 80	41 10	30 10
Saint-Jacut	55 90	41 90	30 70
Malansac	57 »	42 75	31 30
Questembert	58 35	43 75	32 05
Elven	60 20	45 15	33 05
Vannes	61 55	46 15	33 80
Sainte-Anne	63 50	47 60	34 85
Auray	63 90	47 90	35 10
Pluvignier	65 40	49 »	35 90
Baud	67 »	50 20	36 80
Saint-Nicolas	68 80	51 65	37 80
Langevant	65 50	49 10	35 95
Hennebont	67 40	50 30	36 85
Lorient	68 20	51 15	37 45
Gestel	69 20	51 90	38 »
Quimperlé	70 65	53 »	38 80
Bannalec	72 40	54 30	39 75
Rosporden	73 75	55 30	40 55
Quimper	76 25	57 15	41 85
Quemeneven	78 45	58 85	43 10
Châteaulin	79 90	59 95	43 90

PRIX DES PLACES DE PARIS (Montparnasse ou St-Lazare) AUX GARES DE LA LIGNE D'ORLÉANS

GARES	1re classe	2e classe	3e classe
Chalonnes	40 60	30 40	22 05
La Jumellière	41 60	31 15	22 80
Chemillé	42 40	31 70	23 20
Trémentines	43 85	32 85	24 »
Cholet	45 10	33 70	24 25
Maulevrier	46 55	34 85	24 25
Châtillon-St-A.	46 60	34 95	24 25
Nueil-l-Aubiers	46 60	34 95	24 25
Voultegon	46 60	34 95	24 25
Bressuire	46 60	34 95	24 25
Courlay	47 80	35 85	24 90

Horaires tirés du livret Chaix de 1879, guide officiel du voyageur.

L'express Paris-Brest possédait un wagon-poste qui recueillait le courrier déposé dans les boîtes aux lettres des gares. Le postier « embarqué » se chargeait alors d'oblitérer lettres, cartes postales et colis à l'aide d'un cachet à date circulaire ou ondulé qui mentionnait dans sa couronne les têtes de station de la ligne divisée en sections postales. Dans le cas présent, cette carte qui a « pris » le train au Theil a reçu l'oblitération de Chartres au Mans.

Les catastrophes ferroviaires furent heureusement peu nombreuses dans le Perche. La dernière en date eut lieu en août 1961. L'express 508 venant du Mans heurta à plus de 110 km/h un locotracteur qui manœuvrait en gare du Theil et qui, semble-t-il, avait grillé un signal. Une dizaine de wagons déraillèrent et se couchèrent sur le ballast. Bilan : 5 morts et 10 blessés graves.

Les 6, 11 et 12 juin 1944 la gare du Theil-La Rouge fut la cible de l'aviation alliée. Le 4 août, une bombe de 500 kg, qui n'avait pas explosé, fut découverte près des voies. Les maquisards la récupérèrent et s'en servirent pour détruire un pont routier voisin.

Bien que la commune du Theil soit la plus imposée de la région en ce début du XXe siècle, l'activité économique et commerciale y est florissante. Proche de la pharmacie Senelet, l'hôtel de la Cloche assure, lui aussi, la correspondance voyageurs-marchandises avec la gare.

Le Paris-Le Mans-Brest quitte le Perche à La Ferté-Bernard comme ces percherons d'ailleurs que l'on exporte dans plus de vingt pays de par le monde.

II

Ligne d'Alençon à Condé-sur-Huisne

Cette ligne s'est trouvée inscrite dans le vaste réseau imaginé en août 1865 et qui avait pour but de relier Orléans à la mer avec pour terminus Honfleur au nord et Saint-Malo à l'ouest, avec embranchement à Mortagne-sur-Huisne. Entre cet ambitieux projet et sa mise en chantier, qui ne fut entreprise que par tronçons, plus de vingt années s'écoulèrent. Heureusement, la ligne Alençon-Condé-sur-Huisne fut ouverte dès 1871 après qu'une société anonyme fut créée en juillet 1868, ce qui lui permit de prendre quelques années d'avance sur les autres. Longue de 67 kilomètres, les travaux s'achevèrent en 1873. La ligne fut livrée au trafic voyageurs l'année suivante pour fermer en juillet 1953. Le trafic marchandises se prolongea sur certains tronçons jusqu'au début des années 1970. Actuellement la ligne est en instance de déclassement afin de procéder à la dépose de la voie.

CHEMIN DE FER

D'ALENÇON A CONDÉ-SUR-HUISNE (ORNE)

BULLETIN DE SOUSCRIPTION

(1) Nom, prénoms, qualités et demeure.

(2) Nombre à remplir en toutes lettres.

Je soussigné (1) ....

demeurant à ....

déclare souscrire pour (2) .... actions de **Cinq cents francs** chacune, dans la Société anonyme formée pour la construction et l'exploitation du chemin de fer d'Alençon à Condé-sur-Huisne (Orne), dont les Statuts ont été arrêtés par acte sous seings privés du 22 juillet 1868, enregistré et déposé chez Me Tixier, notaire à Alençon.

BASES DE LA SOCIÉTÉ

Capital actions	**2,500,000** fr.
Obligations à émettre	**2,500,000**
Subvention demandée	**3,500,000**
	8,500,000 fr.

et en plus les terrains.

Exécution du chemin par la Compagnie de Fives-Lille, qui devra le livrer à ses risques et périls, prêt à fonctionner, moyennant **8,500,000** fr. ci-dessus.

Le montant des actions sera payable :

25 fr. en souscrivant ;

100 fr. après la signature du contrat de concession ;

50 fr. le 1er juillet 1869.

Et le surplus, par appels de **50** fr., suivant les décisions du Conseil d'administration avec avis six semaines d'avance.

(3) Chaque souscripteur devra faire précéder sa signature des mots : *Lu et Approuvé.*

(3) Fait à ...., le .... 1868.

Bulletin de souscription pour la construction de la ligne Alençon-Condé-sur-Huisne (1868).

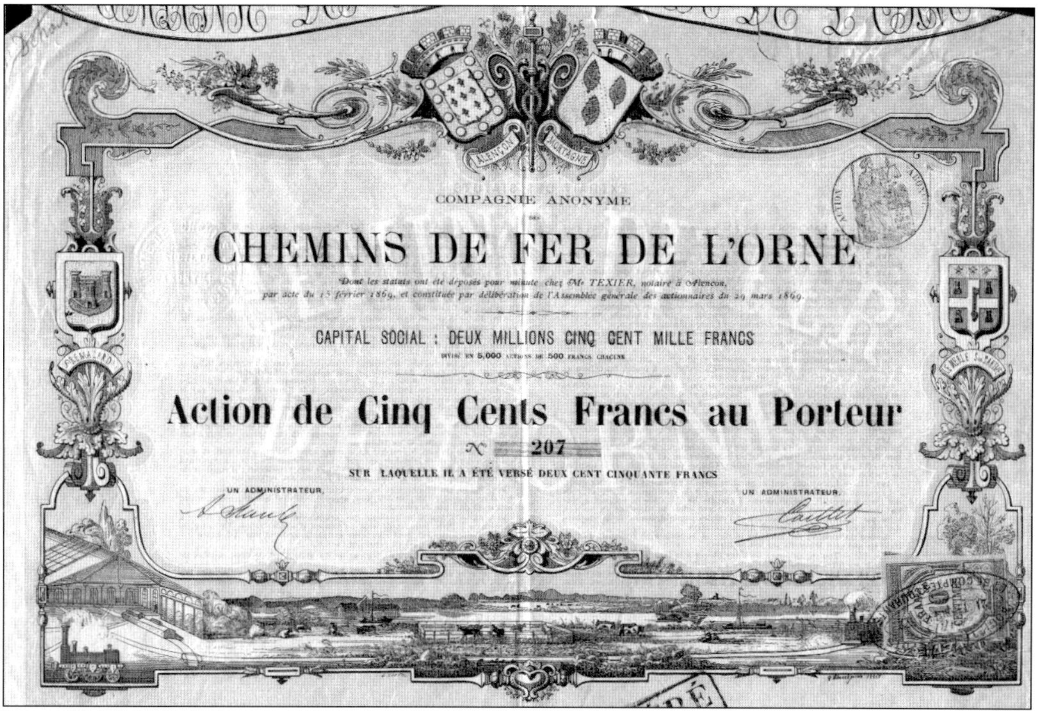

Action et obligation de la Compagnie des chemins de fer de l'Orne, 1870. Remarquez la recherche dans la décoration et la présence des blasons des principales gares : Alençon, Mortagne, Rémalard et Le Mesle-sur-Sarthe.

Superbe document photographique sur le sujet, dû à l'un des plus talentueux photographes de la région : J. Pervis de Courgeoust… tout simplement (coll. Pigray).

DIRECTION DE L'EXPLOITATION,
à Alençon, rue du Cours, 25.

CHEMINS DE FER DE L'ORNE

1re classe	2e classe	3e classe	DIST	STATIONS.	5 1re 2e 3e	1 1re 2e 3e	3 1re 2e 3e	7 1re 2e 3e -(a)-
fr. c.	fr. c.	fr. c.	kil.		soir	matin	matin	
»	»	»	»	**Le Mans** (*B*)..dép.	3 55	2 8	5 50	...
»	»	»	»	Vivoin-Beaumont.	4 53	2 53	6 46	...
»	»	»	»	**Alençon**.....arr.	5 44	3 40	7 39	...
					soir		matin	matin
»	»	»	»	**Mézidon**....dép.	2 13	↓	6 30	10 24
»	»	»	»	Argentan....dép.	3 47		8 20	midi 7
»	»	»	»	Surdon......dép.	4 11		8 44	midi 31
»	»	»	»	**Alençon** ...arr.	5 2		9 36	1 21
					soir	matin	matin	soir
»	»	»	»	**Alençon** .....dép.	5 55	5 30	9 45	1 45
» 85	» 65	» 45	7	Semallé..........	6 7	5 42	9 57	1 57
1 20	» 90	» 65	10	Hauterive........	6 14	5 49	10 4	2 4
1 70	1 30	» 90	14	Neuilly-le-Bisson.	6 24	5 59	10 14	2 14
2 85	2 10	1 50	23	Le Mesle-s-Sarthe	6 39	6 15	10 32	2 29
3 45	2 55	1 85	28	La Mesnière.....	6 49	6 25	10 42	2 39
4 05	3 »	2 25	33	Les Carreaux	7 2	6 38	10 55	2 52
4 65	3 50	2 55	38	**Mortagne**.......	7 19	6 52	11 10	3 10
5 55	4 15	3 »	45	Mauves-Corbon ..	7 36	7 10	11 28	3 28
6 50	4 85	3 55	53	Boissy-Maugis ...	7 50	7 24	11 43	3 43
7 15	5 30	3 90	58	Regmalard.......	8 1	7 36	11 56	3 56
8 25	6 20	4 55	67	**Condé-s-Huisne***a*.	8 15	7 50	midi 10	4 10
					EXPRESS / soir	matin / EXPRESS	soir	soir
»	»	»	»	**Condé**......dép.	8 36 / 9 53	8 7 / 8 41	1 23	5 40
»	»	»	»	Chartres ....arr.	9 38 / 11 39	9 33 / 9 43	2 46	7 4
»	»	»	»	Rambouillet.arr.	10 36 / 1 4	11 12 / 10 42	4 2	8 31
»	»	»	»	Versailles...arr.	11 15 / 1 58	midi 9 / 11 19	4 58	9 28
»	»	»	»	**Paris**.......arr.	11 40 / 2 40	midi 40 / 11 50	5 29	10 5
					soir	EXPRESS	soir / soir	soir
»	»	»	»	**Condé**........dép.	9 31	10 22	midi 31 / 1 39	4 39
»	»	»	»	Nogent........arr.	9 46	10 35	midi 46 / 1 51	4 53
»	»	»	»	Connerré......arr.	10 46	11 20	1 50 / 2 37	5 51
»	»	»	»	**Le Mans**.....arr.	11 25	11 44	2 30 / 3 1	6 30

STATIONS.	2 1re 2e 3e	4 1re 2e 3e	6 1re 2e 3e	8 (a) 1re 2e 3e	8 (a) EXPRESS
		matin	soir	matin	matin
Le Mans....dép.	...	11 30	3 40	6 5	7 10
Connerré.....dép.	matin	midi 11	4 23	6 49	7 38
Nogent.......dép.	5 45	1 10	5 26	7 53	8 29
Condé.......arr.	5 58	1 23 s.	5 40	8 7	8 41
	matin	matin / matin			matin
Paris .....dép.	↓	8 » / 10 50	midi 50	»	7 30
Versailles.....		8 30 / 11 13	1 17	»	7 51
Rambouillet ..		9 36 / 11 52	2 19	matin	8 29
Chartres		10 55 / midi 40	3 17	5 30	9 19
Condé ....arr.		midi 31 / 1 39	4 39	6 58	10 22
	matin		soir		
Condé-s-Huisne*d*	6 20	1 55 s.	6 »	10 35 m.	
Regmalard......	6 37	2 11	6 17	10 52	
Boissy-Maugis ..	6 48	2 21	6 29	11 5	
Mauves-Corbon .	7 12	2 41	6 50	11 25	
Mortagne......	7 35	3 5	7 15	11 50	
Les Carreaux...	7 46	3 15	7 26	midi 1	
La Mesnière....	7 55	3 23	7 35	midi 10	
Le Mesle-s-Sarthe	8 9	3 34	7 49	midi 23	
Neuilly-le-Bisson	8 25	3 49	8 4	midi 39	
Hauterive.......	8 35	3 58	8 14	midi 49	
Semallé.........	8 42	4 4	8 21	midi 56	
Alençon.....arr.	8 55	4 15	8 35	1 10	
	matin	soir	soir	soir	
Alençon...dép.	11 10	5 44	8 50	2 15	
Surdon.....arr.	midi 9	6 27	9 35	3 »	
Argentan...arr.	midi 37	6 47	10 10	3 20	
Mézidon ..arr.	3 6	8 12	»	4 48	
	matin	soir	soir	soir	
Alençon....dép.	9 36	5 2	9 35	1 21	
Vivoin-Beaumont	10 21	5 47	10 18	2 4	
Le Mans (*B*) arr.	11 15	6 40	11 10	2 55	

(*a*) Les trains nos **7** et **8** sont effectués : les jeudis, samedis et dimanches sur le parcours entier d'Alençon à Condé et *vice versâ*. Ces mêmes trains auront lieu également les jours de fête sur le parcours entier d'Alençon à Condé et *vice versâ*.

Les gares de Regmalard, Boissy-Maugis, Mauves-Corbon, Mortagne et Le Mesle, délivrent des billets de voyageurs et des bulletins de bagages et chiens, directs, pour Paris-Montparnasse, Versailles, Chartres, La Loupe, Nogent-le-Rotrou, la Ferté-Bernard, Connerré, Le Mans, La Hutte, Sées, Argentan, Laigle et Caen, et réciproquement.

CORRESPONDANCES: Omnibuset voitures à tous les trains : à Alençon et à Mortagne.—Aux trains **1**, **2**, **5** et **6** : à Neuilly-le-Bisson, pour Essay; à Boissy-Maugis, pour Longny ; et seulement aux trains **2** et **5** entre Le Mesle et Mamers; à Mauves-Corbon pour Mauves et Bellême au train **5**, aa retour aux trains **1** et **2**.

CHEMINS DE FER DE L'ORNE.

Horaires tirés du Chaix, service de l'été 1879.

Le Mesle-sur-Sarthe. Nous ne sommes pas encore dans le Perche et plus tout à fait dans la plaine d'Alençon.

Voici un aperçu de la gare du Mesle jusqu'à ce matin du 6 juin 1944 où un train de munitions allemand, bloqué en gare à cause de la destruction d'un pont entre cette gare et Mortagne, est pris pour cible par l'aviation alliée. Son explosion entraîna la mort de trois personnes et occasionna de sérieux dégâts à la ville (coll. Renaud).

La Mesnière, bourgade de 481 habitants en 1914. Première gare percheronne sur cette ligne tenue par madame Ramel, préposée de halte.

Jour d'affluence à la gare de La Mesnière. C'est que, pour le comice agricole, la compagnie a mis à disposition des voyageurs un train supplémentaire dans chaque sens (coll. Dancray).

Halte de Courgeout-les-Carreaux près de la nationale 12 (coll. Pigray).

Madame Besnier, gérante de la halte, accueille le 11 h 43 venant de Mortagne, à moins que ce ne soit le 15 h 36 (coll. Dancray).

Quatre trains de voyageurs dans chaque sens assuraient la liaison Alençon-Condé-sur-Huisne.

A proximité de la RN 12, travail classique de rechargement de la voie (coll. Dancray).

Je pars de Mortagne à 6 h 57 mn. J'arrive à Condé où m'attend en gare le train de 7 h 51 mn pour Le Mans. J'y arrive à 9 h 32 mn. Combien de temps aurai-je passé dans le train ? Sachant que la distance Mortagne-Le Mans est de... ? » Voici le genre de problèmes pratiques de l'époque qu'il fallait résoudre pour avoir une chance d'être le premier du canton au certificat d'études primaires.

Jeudi 4 mars 1909 : la neige tombe à gros flocons depuis le dimanche. On compte 30 cm de neige dans les rues de Nogent, 40 cm dans celles de Mortagne. Le 1 505 est bloqué par des congères et *le Bellêmois* annonce ce jour : *« au moment où nous mettons sous presse, la neige tombe encore en abondance »*. Où sont nos hivers d'antan ? (coll. D. Châble).

Mortagne était un carrefour ferroviaire important avec le croisement des lignes Alençon-Condé et Mamers-L'Aigle ou Mortagne-Sainte-Gauburge, sans oublier la ligne du tram qui partait vers La Loupe.

Malgré la résistance de l'armée belge et la stoïque résignation du roi Albert, Anvers, Gand, Bruges, Ostende tombent successivement aux mains de l'ennemi. Le gouvernement belge accepte l'hospitalité française et se replie sur Le Havre. Des cohortes de réfugiés arrivent dans le Perche. Mortagne accueille 150 d'entre eux, composés essentiellement d'ouvriers et d'employés des Chemins de fer belges (photo Musée Percheron, Mortagne-au-Perche).

Depuis la traversée de la Manche par Blériot, l'année précédente, les fêtes d'aviation se multiplient un peu partout en France. Le commerce mortagnais fut un des pionniers en la matière et réussit à faire venir l'un des as du spectacle en la personne d'Emile Aubrun qui venait de terminer second du Circuit de l'Est. « *Pendant trois jours, la Compagnie des chemins de fer de l'Ouest, toujours prévoyante, mit gracieusement à la disposition des milliers de spectateurs attendus, sur la ligne Alençon-Mortagne-Condé, des wagons à bestiaux. A leur arrivée en gare de Mortagne-Aviation, les dames en toilettes claires étaient un peu froissées et prétendaient que "ça puait, la'dans !" Heureusement leurs compagnons d'infortune beuglaient à qui mieux-mieux pour les égayer et leur rappeler leur situation présente* » (journal *le Perche*).

L'avion d'Aubrun remonta cette avenue en pièces détachées puisqu'il arriva par le train... sans ses mécaniciens... ce qui eut pour effet d'annuler la démonstration de vol prévue le samedi.

A Mauves, la ligne entre dans la vallée de l'Huisne. Monsieur Pelcoq, le chef de gare, est sur le quai.

Parti à 10 h 10 d'Alençon, le train entre en gare de Mauves 1 h 39 après.

Carte écrite par la famille Poussin, propriétaire de cet hôtel de la Gare en 1907 : « *Monsieur, la liveraison des dindons est le 10 décembre, les coq s'est un sous de plus que la livre et les poulets a 0,70 franc la livre. Si le prix vous convient et à vos voisins aussi, ammenez-les. Je vous salue* » signé « *Poussin* » (ça ne s'invente pas !).

Maison-Maugis, la plus petite commune du canton de Rémalard, a eu l'honneur et l'avantage d'accueillir sur son territoire la gare de sa grande sœur Boissy-Maugis.

Là aussi, le chef de gare, monsieur Josse, drapeau en main, pose devant l'objectif dans l'attente du train.

Bien sagement groupés sous la lanterne, les enfants sont venus voir passer ce monstre d'acier haletant, ce jeudi matin avant d'aller au catéchisme (coll. Bellanger).

L'hôtel de la Gare Buguet-Bansard a belle allure en ces années d'avant guerre.

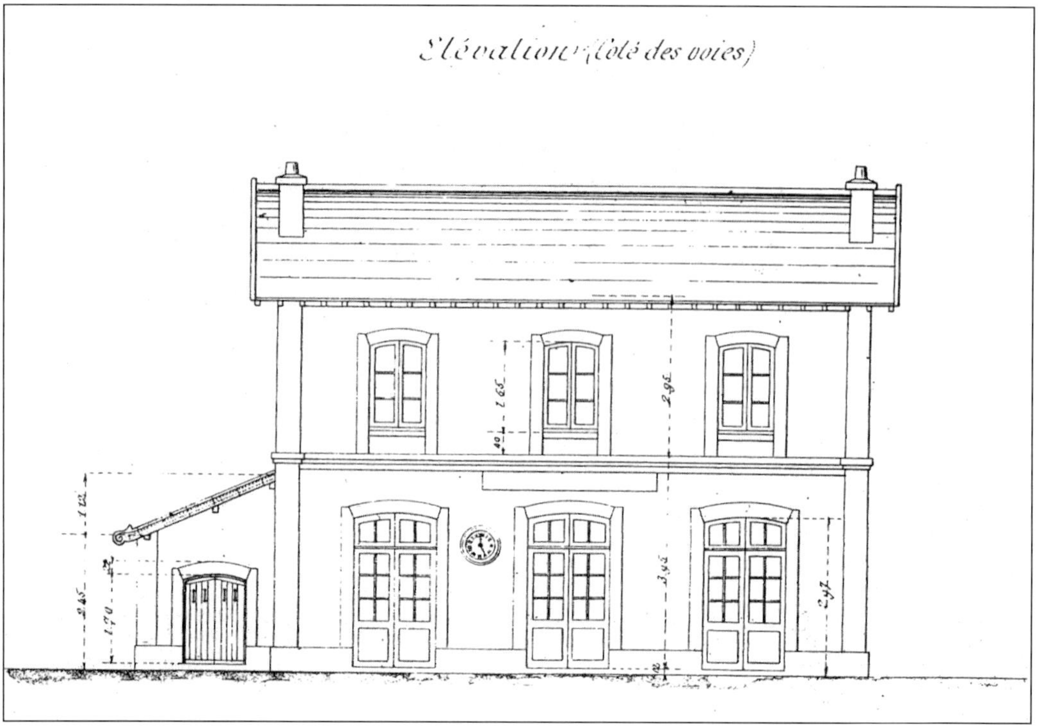

Plan de restructuration du rez-de-chaussée de la gare de Rémalard daté de 1894.

L'entrepreneur a scrupuleusement respecté le plan. L'intérieur était ainsi distribué : à gauche, le cellier. Au rez-de-chaussée, trois pièces : le bureau du chef de gare, le bureau des facteurs avec bascule et la salle d'attente avec poêle central. A droite, bâtiment pour dépôt et enregistrement des marchandises. A l'étage, appartement du chef de gare.

Initialement la gare fut dénommée « gare de Regmalard », bien qu'elle soit sise sur le territoire de la commune voisine. La Compagnie des VFEO accepta en 1921, après maints atermoiements, d'accoler le nom de Bellou à celui de Rémalard, profitant de l'occasion pour en rectifier l'orthographe.

Rassemblement des Musiques (l'Harmonie municipale et les Trompettes), des pompiers, des corps constitués, des hommes en canotier ou chapeau melon et de leurs épouses endimanchées dans la cour de la gare pour fêter la création de la société du Secours mutuel. Devant la patache de l'hôtel de la Poste, on aperçoit le député Joseph Aveline et le maire, comte d'Andlau.

En ce mois de mai 1914, deux citernes à vin stationnent sur la voie de garage. Les négociants et limonadiers de la région posent fièrement devant leurs tonneaux en attendant que monsieur Pépin, le chef de gare d'alors, les autorise à soutirer (coll. Pigray).

Des maisons spécialisées dans le transport des vins par voies ferrées - à prix réduits - généralement situées dans l'Hérault, l'Aude ou les Pyrénées-Orientales, se chargeaient d'approvisionner les négociants percherons en divine boisson. A titre indicatif, voici le tarif pratiqué par la maison E. Boissière de Béziers, en 1911 : location d'un wagon-foudres de 67 et 68 hectolitres avec arrivée en gare de Rémalard pour 428 francs. Outre le transport du vin dans ces foudres, la location comprenait une caisse complète et plombée renfermant l'outillage suivant : 2 tuyaux caoutchouc avec raccords, 1 plongeur cuivre étamé avec raccord, 2 robinets de soutirage cuivre avec raccord et une clé dite universelle (coll. Bellanger).

L'avenue n'était en fait qu'un simple chemin empierré et la gare une modeste halte. Mais qu'importe puisque Dorceau était le fief du député Joseph Aveline.

Le rail facilite le transport des matériaux lourds. La Société anonyme des chaux et ciments de Normandie monte en 1919 l'un de ses fours près de la ligne, au lieu-dit La Noé. Son rendement annuel atteindra les 50 000 tonnes de chaux hydraulique.

L'Huisne qui, dans le projet initial de création de cette ligne, devait être franchie à la sortie de Rémalard, le sera sur la commune de Saint-Germain-des-Grois à l'aide de ce pont métallique, au lieu-dit Les Cochillères.

La commune de Condé-sur-Huisne l'emporta finalement sur celle de Bretoncelles lorsqu'il fallut arrêter le lieu de l'embranchement de cette ligne avec la grande ligne de l'Etat. Au premier plan, le poste d'aiguillage qui permit par la suite de prolonger la section Mortagne-Condé jusqu'à Nogent.

Le Paris-Le Mans est en gare, le Condé-Alençon est en gare, des wagons attendent en gare l'embarquement des bestiaux sur leur voie de garage. Condé-sur-Huisne bruit…

Après 80 ans de bons et loyaux services, la ligne se ferme au trafic voyageurs ; certaines sections marchandises résistent jusque dans les années 1970. Aujourd'hui, les gares et haltes sont abandonnées ou détruites dans l'indifférence quasi générale ! Prochaine étape programmée le déclassement pour enlèvement des rails.

L'Aiguilleur. Chanson des rues… et des cours de gares.

III
Ligne de Mamers à Mortagne

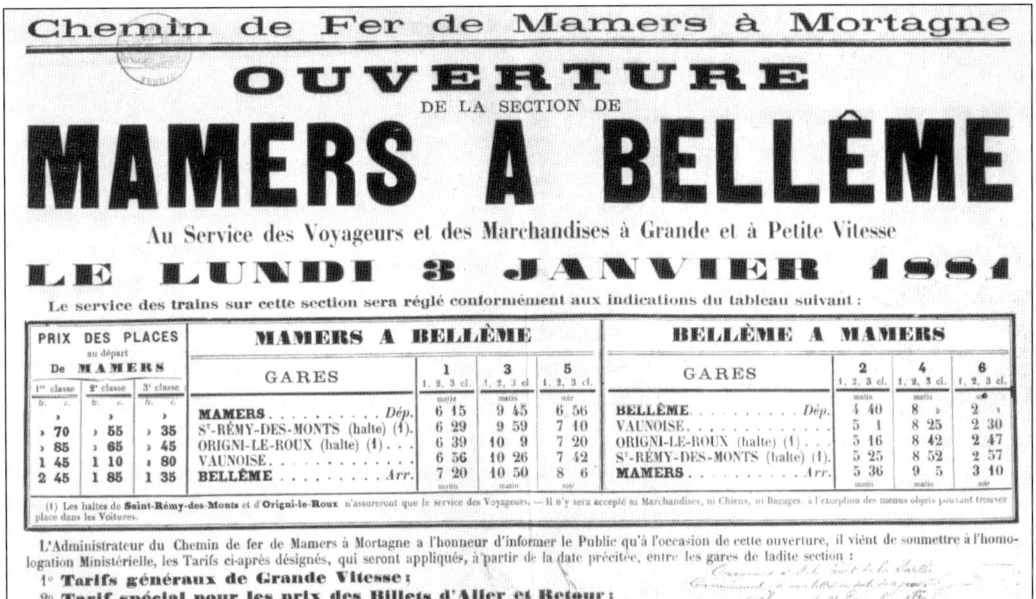

Chemin de Fer de Mamers à Mortagne

OUVERTURE

DE LA SECTION DE

MAMERS A BELLÊME

Au Service des Voyageurs et des Marchandises à Grande et à Petite Vitesse

LE LUNDI 3 JANVIER 1881

Le service des trains sur cette section sera réglé conformément aux indications du tableau suivant :

PRIX DES PLACES au départ De MAMERS			MAMERS A BELLÊME				BELLÊME A MAMERS			
1re classe	2e classe	3e classe	GARES	1 (1, 2, 3 cl.)	3 (1, 2, 3 cl.)	5 (1, 2, 3 cl.)	GARES	2 (1, 2, 3 cl.)	4 (1, 2, 3 cl.)	6 (1, 2, 3 cl.)
fr. c.	fr. c.	fr. c.		matin	matin	soir		matin	matin	soir
»	»	»	**MAMERS** . . . . *Dép.*	6 15	9 45	6 56	**BELLÊME** . . . . *Dép.*	4 40	8 »	2 »
» 70	» 55	» 35	Sᵀ-RÉMY-DES-MONTS (halte) (1).	6 29	9 59	7 10	VAUNOISE	5 1	8 25	2 30
» 85	» 65	» 45	ORIGNI-LE-ROUX (halte) (1) . . .	6 39	10 9	7 20	ORIGNI-LE-ROUX (halte) (1) . . .	5 16	8 42	2 47
1 45	1 10	» 80	VAUNOISE	6 56	10 26	7 42	Sᵀ-RÉMY-DES-MONTS (halte) (1).	5 25	8 52	2 57
2 45	1 85	1 35	**BELLÊME** . . . . *Arr.*	7 20	10 50	8 6	**MAMERS** . . . . *Arr.*	5 36	9 5	3 10
				matin	matin	soir		matin	matin	soir

(1) Les haltes de **Saint-Rémy-des-Monts** et d'**Origni-le-Roux** n'assureront que le service des Voyageurs. — Il n'y sera accepté ni Marchandises, ni Chiens, ni Bagages, à l'exception des menus objets pouvant trouver place dans les Voitures.

L'Administrateur du Chemin de fer de Mamers à Mortagne a l'honneur d'informer le Public qu'à l'occasion de cette ouverture, il vient de soumettre à l'homologation Ministérielle, les Tarifs ci-après désignés, qui seront appliqués, à partir de la date précitée, entre les gares de ladite section :

1° **Tarifs généraux de Grande Vitesse ;**

2° **Tarif spécial pour les prix des Billets d'Aller et Retour :**

3° **Tarifs généraux de Petite Vitesse.**

Ces Tarifs sont déposés dans les gares de la section de **MAMERS** à **BELLÊME** où le Public peut en prendre connaissance.

Des **Billets d'Aller et Retour** directs seront délivrés en outre de ou pour les gares de la section de **MAMERS** à **BELLEME,** aux prix soudés, à **MAMERS,** des Billets qui existent au départ de cette gare pour certaines destinations des Compagnies voisines et *réciproquement*.

5301 Paris. — Typographie et lithographie Vᵉ RENOU, MAULDE et COCK, rue de Rivoli, 144. *Paris, le 18 Décembre 1880*

Cette ligne, classée d'intérêt général dès 1870, et qui sera ultérieurement dénommée ligne de La Hutte (Coulombiers) à Mortagne, sera mise en service le 3 janvier 1881 entre Mamers et Bellême puis le 16 octobre de la même année entre Bellême et Mortagne. Elle comportera 55 passages à niveau dont 29 avec gardes-barrières et desservira les gares et haltes de Saint-Rémy-des-Monts, Origny-le-Roux, Vaunoise, Igé, Bellême, le Pin-La Garenne, Saint-Denis-sur-Huisne et Mortagne, après un parcours de 38 kilomètres. Une halte temporaire, en été, desservira la Herse, entre Bellême et le Pin-La Garenne. La ligne sera déposée en 1955. Ci-dessus, une affiche annonçant l'ouverture de la ligne Mamers-Mortagne première section (1881) conservée aux Archives départementales de la Sarthe.

Comme Mortagne, Mamers sera aussi un nœud ferroviaire actif puisque sa gare desservira Mortagne, Sillé-le-Guillaume par La Hutte-Coulombiers et Saint-Calais par Connerré.

« Vous êtes ici devant l'une des plus jolies petites gares de l'ouest de la France. Elle vient d'obtenir en 1912, la médaille d'argent au concours des gares fleuries organisé par le Touring Club de France » (Art. de la revue du TCF.).

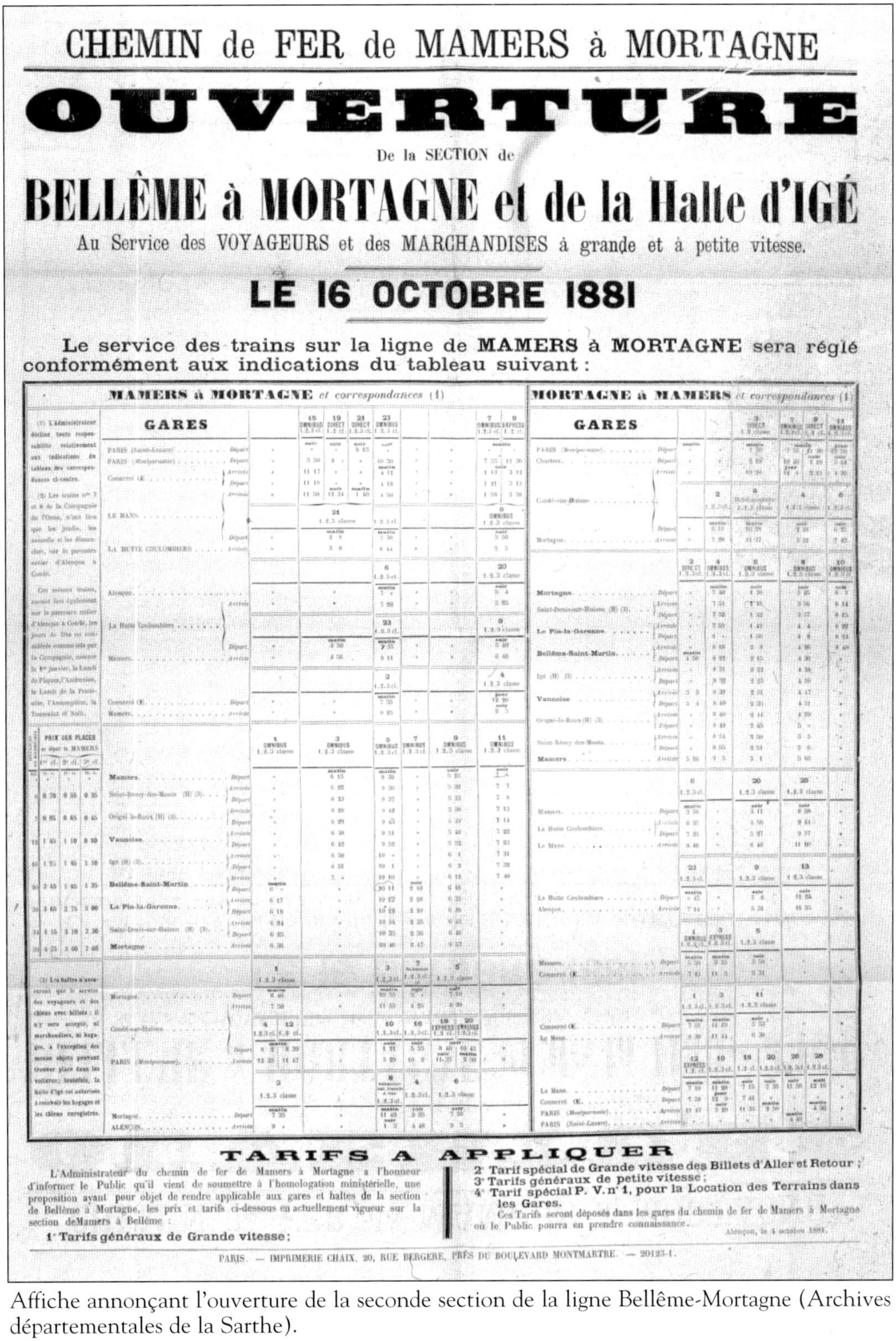

CHEMIN de FER de MAMERS à MORTAGNE

OUVERTURE

De la SECTION de

BELLÊME à MORTAGNE et de la Halte d'IGÉ

Au Service des VOYAGEURS et des MARCHANDISES à grande et à petite vitesse.

LE 16 OCTOBRE 1881

Le service des trains sur la ligne de MAMERS à MORTAGNE sera réglé conformément aux indications du tableau suivant :

MAMERS à MORTAGNE *et correspondances* (1) — **MORTAGNE à MAMERS** *et correspondances* (1)

(1) L'Administrateur décline toute responsabilité relativement aux indications du tableau des correspondances ci-contre.

(2) Les trains n°s 7 et 8 de la Compagnie de l'Orne, n'ont lieu que les jeudis, les samedis et les dimanches, sur le parcours entier d'Alençon à Condé.

Ces mêmes trains, auront lieu également sur le parcours entier d'Alençon à Condé, les jours de fête considérés comme tels par la Compagnie, comme le 1er janvier, le Lundi de Pâques, l'Ascension, le Lundi de la Pentecôte, l'Assomption, la Toussaint et Noël.

PRIX DES PLACES au départ de MAMERS — 1re cl. | 2e cl. | 3e cl.

TARIFS A APPLIQUER

L'Administrateur du chemin de fer de Mamers à Mortagne a l'honneur d'informer le Public qu'il vient de soumettre à l'homologation ministérielle, une proposition ayant pour objet de rendre applicable aux gares et haltes de la section de Bellême à Mortagne, les prix et tarifs ci-dessous en actuellement vigueur sur la section de Mamers à Bellême :

1° Tarifs généraux de Grande vitesse ;
2° Tarif spécial de Grande vitesse des Billets d'Aller et Retour ;
3° Tarifs généraux de petite vitesse ;
4° Tarif spécial P. V. n° 1, pour la Location des Terrains dans les Gares.

Ces Tarifs seront déposés dans les gares du chemin de fer de Mamers à Mortagne où le Public pourra en prendre connaissance.

Alençon, le 4 octobre 1881.

PARIS. — IMPRIMERIE CHAIX, 20, RUE BERGÈRE, PRÈS DU BOULEVARD MONTMARTRE. — 20123-1.

Affiche annonçant l'ouverture de la seconde section de la ligne Bellême-Mortagne (Archives départementales de la Sarthe).

Fermée depuis près de 50 ans, la halte d'Igé est restée une coquette maison d'habitation tout en conservant ses attributs d'origine (photo mai 2002).

Les cinq employés de la gare de Bellême-Saint-Martin entourent leur chef, monsieur Letertre, sa famille et son chien.

La ligne sera définitivement fermée en 1954 et le tronçon Mamers-Bellême déposé en septembre de l'année suivante.

Retour de foire, peut-être de celle qui se tenait à La Bruyère sur Saint-Martin le 4 juillet de chaque année, à moins que ce ne soit celle du Jeudi-Gras (coll. D. Châble).

Comme toute gare digne de ce nom, celle de Bellême-Saint-Martin se devait d'avoir son hôtel, celui-ci était tenu, en ce début de XXe siècle, par la famille Brebion.

Ce 15 septembre 1912, tout ce que Bellême compte de personnalités est rassemblé sur le quai de la gare dans l'attente du train spécialement affrété par la direction du Bon Marché pour venir assister à l'inauguration de la statue du bienfaiteur de la ville, Aristide Boucicaut, né à Bellême en 1810 et fondateur du magasin parisien Au Bon Marché en 1852. C'est le premier magasin où l'entrée est libre, les prix fixes, les marchandises livrées à domicile et éventuellement reprises si elles ne conviennent pas.

Monsieur Mesureur, directeur de l'Assistance publique, et 550 employés des grands magasins sont accueillis *« aux accents vibrants de la Marseillaise »* par le député-maire de la ville, monsieur Bansard des Bois, et monsieur Fleury, sénateur de l'Orne. Un banquet, place du Château, réunit 800 invités (coll. Coupry).

C'est qu'on a jumelé cette manifestation avec le comice agricole et une fête d'aviation qui verra évoluer G. Coupeau, natif de Moutiers-au-Perche, au-dessus de la tête des spectateurs ébahis. Mais l'as de la voltige, voulant soi-disant éviter la foule, « trop entreprenante » lors de son premier passage, alla écraser son appareil, sans trop de dommages, dans un champ voisin. *« Les spectateurs, quelque peu frustrés, ne lui en voulurent pas trop ! »*.

PONTS ET CHAUSSÉES

Chemin de fer de **MAMERS** à **MORTAGNE** et Prolongements

AVIS

OUVERTURE
DE
LA HERSE

(HALTE TEMPORAIRE)

L'Administrateur du *Chemin de Fer de Mamers à Mortagne et Prolongements* a l'honneur d'informer le public qu'à dater du 3 mai prochain, et jusqu'à nouvel avis, les dimanches, jeudis et jours de Fête énumérés aux Tarifs de grande vitesse, les Trains n°s 3, 5, 2, 6 et 8 du service s'arrêteront entre *Bellême-Saint-Martin* et le *Pin-la-Garenne* à LA HERSE (halte temporaire), pour y faire le service des Voyageurs.

Il ne sera pas délivré de billets à la Herse; mais toutes les gares et haltes de la ligne de Mamers à Mortagne délivreront pour ce point des billets d'aller et retour avec réduction de 20 % sur les prix du tarif général de grande vitesse, des billets de demi-place et des billets de chiens, avec coupon de retour.

Il ne sera accepté ni chiens (avec bulletins), ni bagages, à l'exception des menus objets qui peuvent trouver place dans les voitures.

Le tableau ci-dessous fixe, entre Vaunoise et le Pin-la-Garenne et *vice-versa*, les heures de trains qui se trouvent modifiés par suite du nouveau service.

DISTANCES de Mamers	GARES	OMNIBUS 3	OMNIBUS 5	DISTANCES de Mortagne	GARES	OMNIBUS 2	OMNIBUS 6	OMNIBUS 8
		MATIN	SOIR			MATIN	SOIR	SOIR
12	Vaunoise	9 h 54	4 h 56	9	Le Pin-la-Garenne	8 h »	2 h 19	4 h 53
16	Igé (halte)	10 3	5 6	14	La Herse (halte temporaire)	8 12	2 31	5 6
20	Bellême-Saint-Martin	10 12	5 22	19	Bellême-Saint-Martin	8 22	2 44	5 25
25	La Herse (halte temporaire)	10 22	5 34	23	Igé (halte)	8 32	2 52	5 36
30	Le Pin-la-Garenne	10 32	5 47	27	Vaunoise	8 40	3 5	5 51

Alençon. — E. RENAUT-DE BROISE, imprimeur et lithographe.

La Herse, lieu d'excursions pour touristes à la recherche des légions romaines, pour curistes en quête *« d'eaux salubres au corps humain »*, lieu de détente pour les pêcheurs du dimanche, pour les promeneurs charmés par l'indicible beauté de la forêt. La Compagnie des chemins de Fer se devait d'ouvrir une halte en ce lieu, pendant l'été (Archives départementales de la Sarthe).

Scènes habituelles de la vie quotidienne le long de nos routes et chemins (coll. Compry).

Cette ligne fut indifféremment appelée ligne de la Hutte à L'Aigle, ligne de Mamers à L'Aigle, ligne de Mamers à Mortagne.

Merci à nouveau à Jules Renoult de nous avoir légué ce document, aujourd'hui cher à plus d'un habitant du Pin-La Garenne.

La gare de Saint-Denis est devenue le siège social d'un artisan, en bordure de la route qui mène à Parfondeval. Quant à la voie ferrée, elle a laissé la place, en 1963, à un superbe chemin encaissé qui mène à La Corberie.

IV
Ligne de Mortagne à L'Aigle

Cette ligne prolonge celle dite de la Hutte Coulombiers-Mamers-Mortagne, mettant ainsi en relation la région des Alpes Mancelles à celle du pays d'Ouche après avoir desservi les stations de Loisé, Villiers-sous-Mortagne, Feings, Tourouvre, Randonnai, Crulai, Saint-Michel-Thubeuf et L'Aigle. Longue de 40 km, elle sera mise en service le 28 décembre 1881. Fermée au trafic voyageurs en mai 1938, peu de temps après l'accident de Randonnai, elle assura le trafic marchandises jusqu'après la Seconde Guerre mondiale puis entre la fonderie de Randonnai (SFAR) et L'Aigle jusqu'en 1985. On va... à Alençon, on vient... de L'Aigle, on croise ceux qui arrivent de Paris par Condé ou celles qui attendent leur famille de Mamers. En tout cas, les calèches sont au rendez-vous.

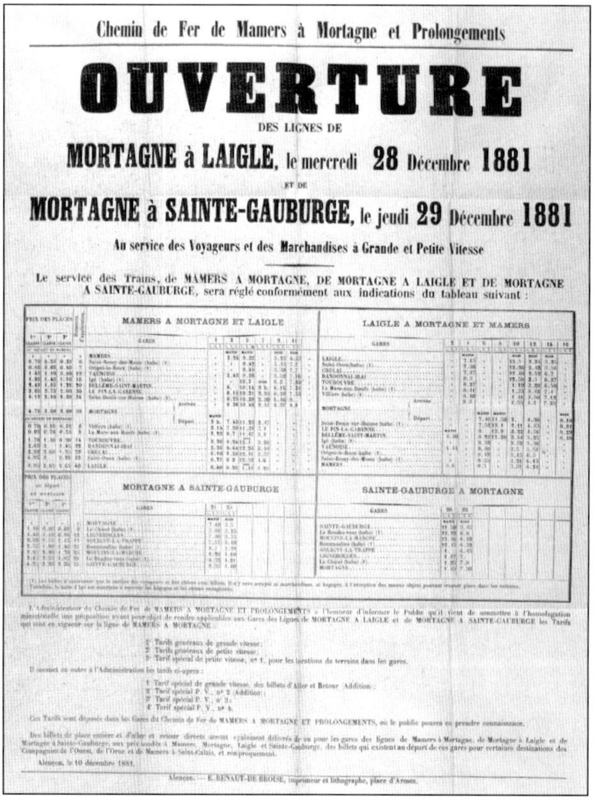

Chemin de Fer de Mamers à Mortagne et Prolongements

OUVERTURE

DES LIGNES DE

MORTAGNE à LAIGLE, le mercredi 28 Décembre 1881

ET DE

MORTAGNE à SAINTE-GAUBURGE, le jeudi 29 Décembre 1881

Au service des Voyageurs et des Marchandises à Grande et Petite Vitesse

Le service des Trains, de MAMERS A MORTAGNE, DE MORTAGNE A LAIGLE ET DE MORTAGNE A SAINTE-GAUBURGE, sera réglé conformément aux indications du tableau suivant :

MAMERS A MORTAGNE ET LAIGLE

LAIGLE A MORTAGNE ET MAMERS

MORTAGNE A SAINTE-GAUBURGE

SAINTE-GAUBURGE A MORTAGNE

Alençon, le 10 décembre 1881.

Alençon. — E. RENAUT-DE BROISE, imprimeur et lithographe, place d'Armes.

A peine inaugurée, la ligne connaît un premier incident sérieux. Peu après avoir franchi le gué à Pont, la locomotive se couche sur le talus à cause d'un écartement des rails dû à un affaissement de la voie. Huit jours sont nécessaires pour la remettre sur rails (Archives départementales de la Sarthe).

Pas de halte à Loisé. Les vitres de la maison de la garde-barrière supportent mal le passage des trains !

Carte postale écrite au coin du feu par un jour de janvier neigeux près du pont de Loisé. Son destinataire n'est autre que Charles Turgeon, professeur à la faculté de Rennes, cousin d'Abélard Turgeon, Premier ministre du Canada.

Madame Lorin, aidée de sa petite famille, vient de fermer les barrières pour le passage du Mamers-L'Aigle de 11 h 33.

Passage retour du L'Aigle-Mamers (coll. Pigray).

Huit fois par jour, il fallait faire rouler les barrières.

Chemin de fer de Mamers à Mortagne et prolongements.

LIGNE DE MAMERS A MORTAGNE ET LAIGLE

L'ADMINISTRATEUR du Chemin de fer de Mamers à Mortagne et prolongements, a l'honneur d'informer le public qu'à la date du Samedi 28 Janvier 1882, la circulation des trains entre Mortagne et Laigle sera rétablie.

A l'occasion de la reprise du service, la marche des trains entre Mamers, Mortagne et Laigle sera réglée conformément aux indications du tableau ci-dessous :

MAMERS A MORTAGNE ET LAIGLE

PRIX DES PLACES 1re classe	2e classe	3e classe	distances d'application	GARES	1	3	5	7	9		
AU DÉPART DE MAMERS					1, 2, 3	1, 2, 3	1, 2, 3	1, 2, 3	1, 2, 3		
					MATIN	MATIN		SOIR	SOIR		
•	•	•	•	MAMERS	5.24	9.33	•	5.25	6.53	•	•
0.70	0.55	0.35	6	Saint-Remy-des-Monts (halte) (1)	•	9.42	•	5.33	7. 1	•	•
0.85	0.65	0.45	7	Origni-le-Roux (halte) (1)	•	9.48	•	5.39	7. 7	•	•
1.45	1.10	0.80	12	VAUNOISE	5.43	9.56	•	5.52	7.16	•	•
1.95	1.45	1.10	16	Igé (halte) (1)	•	10.5		6. 2	7.25	•	•
2.45	1.85	1.35	20	BELLÊME-SAINT-MARTIN	6.	10.14	12.50	6.46	7.33	•	•
3.65	2.75	2.00	30	LE PIN-LA-GARENNE	6.18	10.31	1.15	6.39	•	•	•
4.15	3.10	2.30	34	Saint-Denis-sur-Huisne (halte) (1)	6.25	10.38	1.25	6.46	•	•	•
4.75	3.60	2.60	39	MORTAGNE — Arrivée	6.36	10.48	1.38	6.57	•	•	•
AU DÉPART DE MORTAGNE				MORTAGNE — Départ	7.	11.	2. 3	•	•	•	•
0.70	0.55	0.35	6	Villiers (halte) (1)	7.15	11.15	2.18	•	•	•	•
0.95	0.70	0.55	8	La Mare-aux-Bœufs (halte) (1)	7.25	11.25	2.27	•	•	•	•
1.70	1.30	0.90	14	TOUROUVRE	7.45	11.45	2.45	•	•	•	•
2.65	2.	1.45	22	RANDONNAI-IRAI	8.16	12.12	3.14	•	•	•	•
3.55	2.65	1.95	29	CRULAI	8.36	12.38	3.35	•	•	•	•
4.05	3.	2.25	33	Saint-Ouen (halte) (1)	8.49	12.48	3.47	•	•	•	•
4.95	3.65	2.65	40	LAIGLE	9.10	1.10	4. 9	•	•	•	•

LAIGLE A MORTAGNE ET MAMERS

GARES	2	4	6	8	10	12		
	1, 2, 3	1, 2, 3	1, 2, 3	1, 2, 3	1, 2, 3	1, 2, 3		
				MATIN	SOIR	SOIR		
LAIGLE	•	•	•	11.50	2.7	5.35	•	•
Saint-Ouen (halte) (1)	•	•	•	12.14	2.31	5.59	•	•
CRULAI	•	•	•	12.29	2.44	6.12	•	•
RANDONNAI-IRAI	•	•	•	12.52	3.8	6.32	•	•
TOUROUVRE	•	•	•	1.17	3.35	6.57	•	•
La Mare-aux-Bœufs (halte) (1)	•	•	•	1.31	3.50	7.11	•	•
Villiers (halte) (1)	•	•	•	1.40	4.	7.21	•	•
MORTAGNE — Arrivée	•	•	•	1.55	4.15	7.35	•	•
		MATIN	MATIN					
MORTAGNE — Départ	•	7.40	11.50	2.	4.30	•	•	•
Saint-Denis-sur-Huisne (halte) (1)	•	7.52	12.1	2.11	4.43	•	•	•
	MATIN							
LE PIN-LA-GARENNE		8.	12.9	2.22	4.56	•	•	•
BELLÊME-SAINT-MARTIN	4.30	8.22	12.28	2.44	5.25	•	•	•
Igé (halte) (1)	•	8.32	•	2.52	5.36	•	•	•
VAUNOISE	4.44	8.40	•	3.5	5.51	•	•	•
Origni-le-Roux (halte) (1)	•	8.49	•	3.15	6.8	•	•	•
Saint-Remy-des-Monts (halte) (1)	•	8.55	•	3.21	6.13	•	•	•
MAMERS	5.6	9.5	•	3.31	6.24	•	•	•

(1) Les haltes n'assurent que le service des voyageurs et des chiens avec billets. Il n'y sera accepté ni marchandises, ni bagages, à l'exception des menus objets pouvant trouver place dans les voitures. Toutefois, la halte d'Igé est autorisée à recevoir les bagages et les chiens enregistrés.

NOTA. — Provisoirement, les trains nos 3 et 10 n'auront pas lieu entre Mortagne et Laigle.

Alençon. — E. RENAUT-DE BROISE, imprimeur et lithographe, place d'Armes.

Affiche annonçant la réouverture aux voyageurs de la ligne Mamers-Mortagne-L'Aigle après incidents majeurs près de Tourouvre (Archives départementales de la Sarthe).

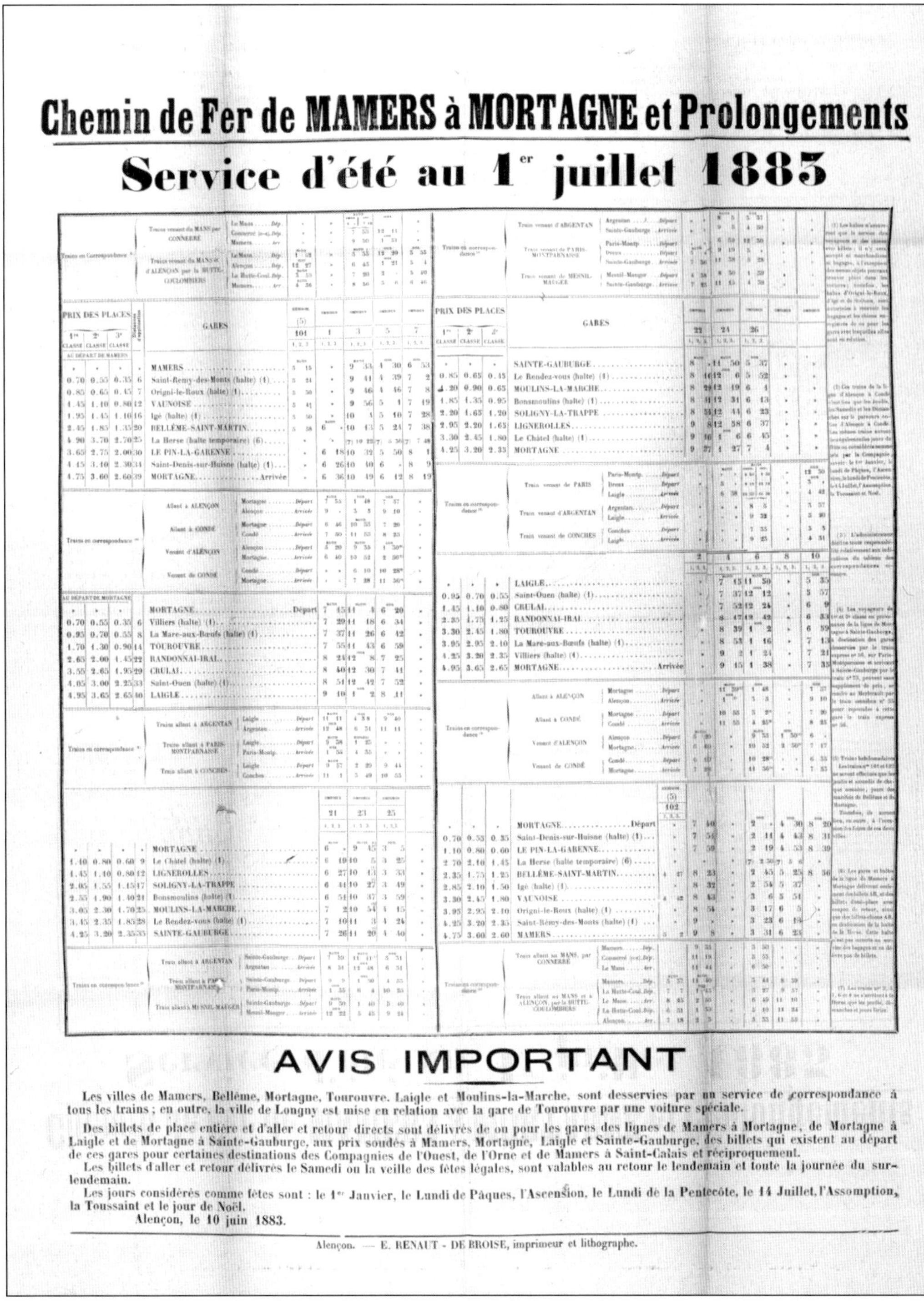

Chemin de Fer de MAMERS à MORTAGNE et Prolongements

Service d'été au 1er juillet 1883

AVIS IMPORTANT

Les villes de Mamers, Bellême, Mortagne, Tourouvre, Laigle et Moulins-la-Marche, sont desservies par un service de correspondance à tous les trains ; en outre, la ville de Longny est mise en relation avec la gare de Tourouvre par une voiture spéciale.

Des billets de place entière et d'aller et retour directs sont délivrés de ou pour les gares des lignes de Mamers à Mortagne, de Mortagne à Laigle et de Mortagne à Sainte-Gauburge, aux prix soudés à Mamers, Mortagne, Laigle et Sainte-Gauburge, des billets qui existent au départ de ces gares pour certaines destinations des Compagnies de l'Ouest, de l'Orne et de Mamers à Saint-Calais et réciproquement.

Les billets d'aller et retour délivrés le Samedi ou la veille des fêtes légales, sont valables au retour le lendemain et toute la journée du surlendemain.

Les jours considérés comme fêtes sont : le 1er Janvier, le Lundi de Pâques, l'Ascension, le Lundi de la Pentecôte, le 14 Juillet, l'Assomption, la Toussaint et le jour de Noël.

Alençon, le 10 juin 1883.

Alençon. — E. RENAUT - DE BROISE, imprimeur et lithographe.

Horaires de l'été 1883 (Archives départementales de la Sarthe).

On s'active à l'approche du train, le chariot à bagages se met en place.

Les Anglais ayant été les précurseurs en matière ferroviaire, nous avons hérité du sens de marche de leurs trains.

Située à proximité de la forêt du Perche, l'activité principale de marchandises de la gare de Tourouvre était celle du commerce et transport du bois.

En février 1913, Paul Brière, correspondant des Chemins de fer de l'Etat à l'hôtel du Cheval Blanc, annonce l'augmentation de ses tarifs de transports et camionnage entre Longny et la gare de Tourouvre, à savoir : 1,50 franc par personne avec un maximum de 30 kg de bagages. Sans changement pour les Tourouvrains, précise-t-il.

Située à la porte du Perche, la gare de Randonnai a encore fière allure de nos jours. En 1913, son chef de gare avait pour nom monsieur Foubert.

De nombreux incidents eurent lieu sur ces petites lignes. Ils étaient dus à des affaissements de voies ou à des rencontres avec des animaux divaguant sur les rails, généralement sans conséquence grave. Seule cette ligne connut une catastrophe. En février 1938, par suite d'une rupture de freins, l'automotrice venant de L'Aigle « *brûla* » la gare de Randonnai et heurta, à pleine vitesse (60 km/h), l'autorail venant de Mortagne. Bilan : 5 morts et 21 blessés.

Chargement de traverses déclassées qui serviront sans doute de piquets de clôtures.

Arrêt en gare de Crulai du 12 h 16 venant de Mortagne (coll. Renaud).

Halte de Saint-Michel-Thubeuf (anciennement de la Forêt) tenue, en 1900, par madame Pichon.

Fin de la ligne de Mamers-Mortagne en gare de L'Aigle. La correspondance est cependant assurée pour Paris-Saint-Lazare ou Flers-Granville.

Les nouveaux prix des billets de chemins de fer

Il nous a paru utile de donner aujourd'hui à nos lecteurs le nouveau prix, applicable depuis le 1er avril, des billets de chemins de fer, simples et d'aller et retour, délivrés au départ de Mortagne pour les gares figurant sur le tableau ci-dessous.

A noter que dans les prix indiqués n'est pas compris le droit de quittance pour les billets supérieurs à 10 francs.

		BILLETS SIMPLES			BILLETS ALLER & RETOUR		
KILOM.		1re cl.	2e cl.	3e cl.	1re cl.	2e cl.	3e cl.
38	Alençon	11.70	7.65	4.80	17.55	12.20	7.70
75	Argentan	23.05	15.05	9.50	34.60	24.10	15.20
19	Bellême	5.85	3.80	2.40	8.75	6.10	3.85
16	Boissy-Maugis	4.90	3.20	2.»»	7.40	5.15	3.25
21	Bonsmoulins	6.45	4.20	2.65	9.70	6.75	4.25
35	Bretoncelles	10.75	7.05	4.45	16.15	11.25	7.10
128	Caen	39.35	25.70	16.20	59.05	41.15	25.90
6	Les Carreaux	1.85	1.20	0.75	2.75	1.95	1.20
83	Chartres	25.50	16.65	10.50	38.30	26.65	16.80
30	Condé-sur-Huisne	9.25	6.»»	3.80	13.85	9.65	6.05
29	Crulai	8.90	5.80	3.65	13.40	9.30	5.85
9	Feings	2.75	1.80	1.15	4.15	2.90	1.80
58	La Ferté-Bernard	17.85	11.65	7.35	26.75	18.65	11.75
121	Flers	37.20	24.30	15.30	55.80	38.90	24.50
53	La Hutte	16.30	10.65	6.70	24.45	17.05	10.75
23	Igé	7.05	4.60	2.90	10.60	7.40	4.65
41	Laigle	12.60	8.25	5.20	18.90	13.15	8.30
46	La Loupe	14.15	9.25	5.80	21.20	14.80	9.30
12	Lignerolles	3.70	2.40	1.50	5.55	3.85	2.45
94	Le Mans	28.90	18.90	11.90	43.35	30.20	19.05
39	Mamers	12.»»	7.85	4.95	18.»»	12.55	7.90
8	Mauves	2.45	1.60	1.»»	3.70	2.55	1.60
10	La Mesnière	3.10	2.»»	1.25	4.60	3.20	2.»»
16	Le Mesle-sur-Sarthe	4.90	3.20	2.»»	7.40	5.15	3.25
26	Moulins-la-Marche	8.»»	5.20	3.30	12.»»	8.35	5.25
37	Nogent-le-Rotrou	11.40	7.45	4.70	17.05	11.90	7.50
32	Origny-le-Roux	9.85	6.45	4.05	14.75	10.30	6.50
170	Paris	52.30	34.15	21.50	78.40	54.60	34.40
9	Le Pin-la-Garenne	2.75	1.80	1.15	4.15	2.90	1.80
22	Randonnai-Irai	6.75	4.40	2.80	10.15	7.05	4.45
21	Rémalard	6.45	4.20	2.65	9.70	6.75	4.25
36	Sainte-Gauburge	11.05	7.25	4.55	16.60	11.55	7.30
17	Soligny	5.25	3.40	2.15	7.85	5.45	3.45
48	Le Theil	14.75	9.65	6.05	22.15	15.40	9.70
14	Tourouvre	4.30	2.80	1.75	6.45	4.50	2.85
27	Vaunoise	8.30	5.40	3.40	12.45	8.70	5.45
60	Verneuil	18.45	12.05	7.60	27.70	19.30	12.15
6	Villiers	1.85	1.20	0.75	2.75	1.95	1.20

Tarifs des billets de chemins de fer délivrés au départ de Mortagne vers les différentes gares qu'elle dessert (1914).

V
Ligne de Mortagne à Sainte-Gauburge

Cette ligne, sœur de la précédente, sera mise en service le 29 décembre 1881. Elle desservira les gares et haltes de La Jarretière-en-Villiers, Le Châtel-en-Saint-Hilaire, Lignerolles, Soligny-la-Trappe, Bonsmoulins, Moulins - La Marche, Le Rendez-Vous et Sainte-Gauburge, après un cheminement de 35 km. Son service voyageurs, comme celui de sa sœur, cessera en mai 1938.

La légende de cette carte, la seule que je connaisse libellée dans le genre, rappelle que ces gares, l'ancienne et la nouvelle, sont bien implantées sur Saint-Langis et non, comme on se plaît à le dire, sur Mortagne !

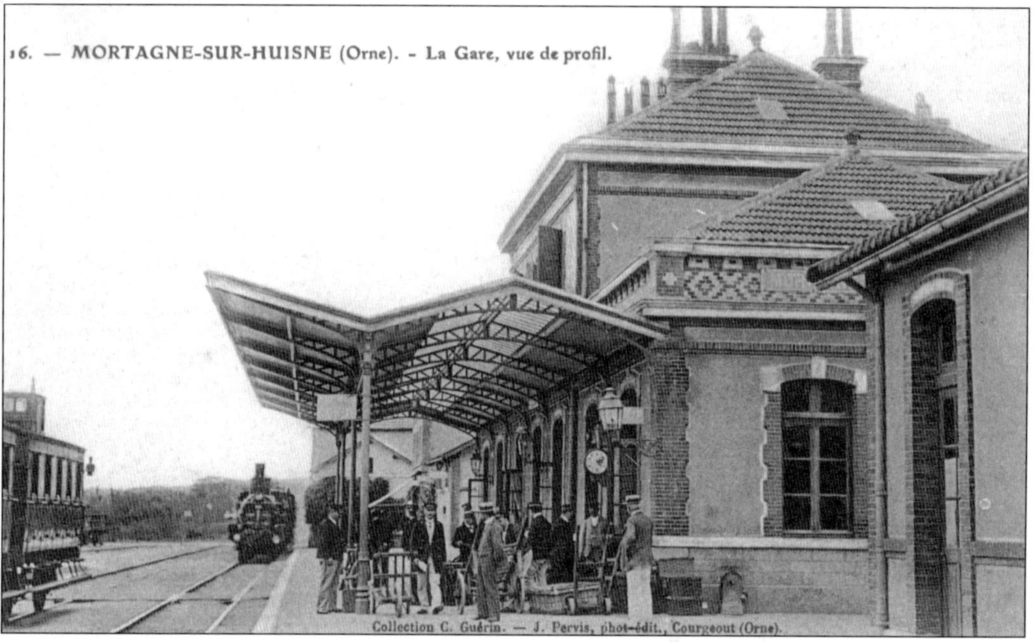

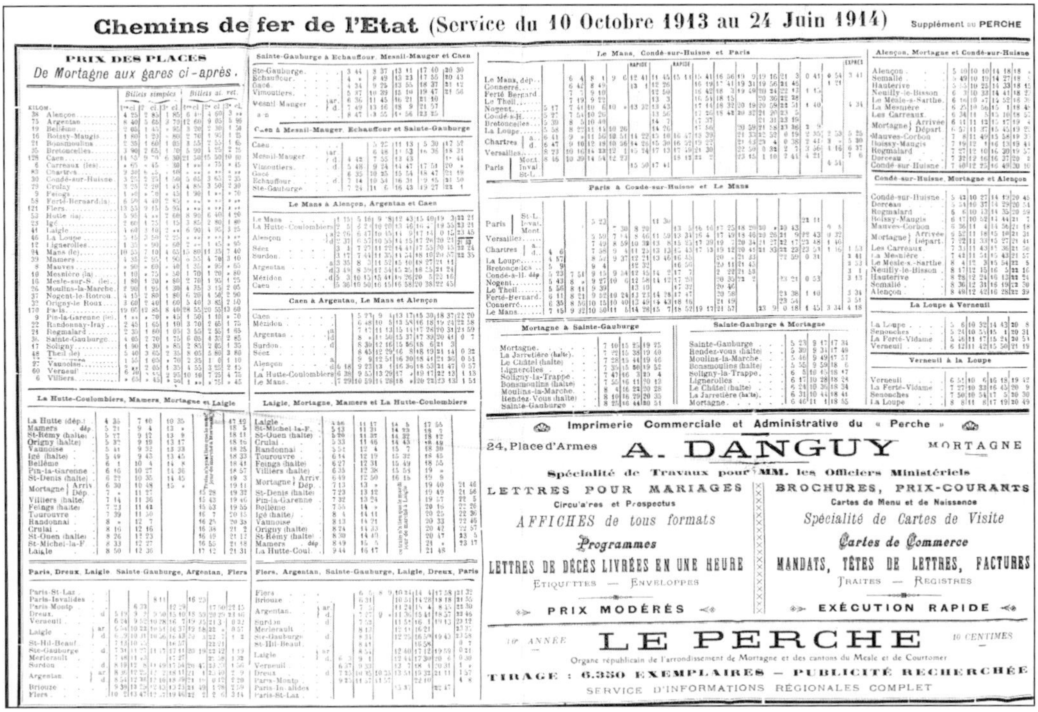

Horaires des lignes de chemins de fer desservant la région (supplément du journal *le Perche*, octobre 1913).

Tickets de chemin de fer ayant échappés à la destruction (1928).

Automotrice en gare de Villiers mise en service en 1924 (coll. Dancray).

Les voyageurs semblent plus attirés par l'objectif du photographe que par l'arrivée de leur train, à la halte du Châtel (coll. Leroy).

Plus connu désormais par son musée de l'Epicerie que par sa gare, Lignerolles a cependant eut, à plusieurs reprises, les honneurs des photographes de la région pour notre plus grande satisfaction.

Gare tenue par madame Germond, en 1914.

Monsieur Queinnec (homonyme du chef de district SNCF de Nogent-le-Rotrou), chef de station de la gare de Soligny, dirige la manœuvre à chaque arrivée de train.

La gare de Bonsmoulins n'était en fait qu'une halte tenue par madame Baron (coll. Leroy).

En 1914, trois trains circulaient quotidiennement dans chaque sens. Ils étaient composés de quatre ou cinq wagons dont un ou deux de première et deuxième classe, les autres de troisième classe, plus un wagon pour les bagages et les marchandises ainsi qu'un compartiment postal. De Moulins-La Marche à Mortagne, les tarifs aller et retour étaient les suivants : 1re classe 4,35 francs, 2e classe 3,14 francs, 3e classe 2,05 francs. A titre de comparaison, un timbre-poste ordinaire valait 10 centimes, comme un quotidien (coll. Leroy et Renaud).

Après avoir passé la halte du Rendez-Vous, cette ligne intitulée n° 1 se prolongeait au-delà de Sainte-Gauburge jusqu'à Mézidon par Echauffour. Cette gare comportait un arrêt-buffet qui permettait aux voyageurs d'obtenir un sandwich jambon-beurre que le garçon de quai, en tablier blanc, vous tendait par la vitre entrouverte contre monnaie sonnante et trébuchante.

Sur ce document, on distingue très nettement les deux lignes : Paris-Granville au premier plan et Mézidon-Mortagne de l'autre côté du quai.

VI

Ligne de Nogent-le-Rotrou à Châteaudun

Ses origines remontent au 23 avril 1870, date à laquelle le conseil général d'Eure-et-Loir traita avec la Compagnie des chemins de fer d'Orléans à Rouen, dite Compagnie Philippart, pour l'établissement d'une voie ferrée qui devait relier la ligne Paris-Le Mans à celle d'Orléans à Rouen. Cette ligne aurait dû être opérationnelle fin 1873, mais ne vit en partie le jour que dix ans plus tard. La guerre de 1870, les difficultés financières qui s'ensuivirent, les obstacles rencontrés sur le terrain et la multiplicité des chantiers ouverts simultanément par cette compagnie en furent la cause. Tant et si bien que cette dernière fut déclarée en faillite le 22 mars 1877. Heureusement pour les Percherons, l'Etat reprit le chantier en l'incluant dans son réseau en mai 1878 ainsi que la ligne de Brou à Courtalain qui était dans la même situation. Si la section Patay-Châteaudun-Arrou fut ouverte aux voyageurs le 1er mai 1883, il fallut attendre le 1er mai 1887 pour que les Nogentais puissent accueillir en leur gare un train venant de Châteaudun. La ligne desservait les gares de Nogent-le-Rotrou - Saint-Lazare, Souancé-au-Perche, Coudray-au-Perche, Authon-du-Perche, La Bazoche-Gouët, La Chapelle-Royale, Arrou, Courtalain, puis filait vers Orléans par Châteaudun et Patay. Ci-dessus une section de « bidasses » du 115e d'infanterie ou du 101e de ligne en instance de départ en perm'.

Ce pont de fer jeté sur l'Huisne en 1885 plia sous les bombardements de juin 1944. Il ne fut jamais remonté. On aperçoit encore de nos jours l'une de ses piles sur l'autre rive du stade du lycée Rémi Belleau. La ligne Courtalain-Nogent Gare devint ainsi la ligne Courtalain-Nogent Saint-Lazare.

Au 16, rue Henri Dunant se trouve une coquette maisonnette : c'est l'ancienne gare Saint-Lazare. Quant à la voie ferrée, elle a fait place à la rue du même nom bordée de part et d'autre de jolis pavillons.

Remettons les pendules à l'heure (loi de mars 1911) ! « *L'administration des Chemins de fer de l'Etat a l'honneur de rappeler au public qu'à compter du 11 mars, la différence de cinq minutes qui existait entre la pendule intérieure et l'horloge extérieure des gares est supprimée. En conséquence les horloges extérieures ont été retardées de 9 minutes et les pendules intérieures de 4 minutes dans la nuit du 9 au 10 mars.* » Qui se souvient de ce subterfuge pour éviter aux voyageurs qui se croyaient en retard, d'être en fait, sans s'en douter, exact au rendez-vous ? (coll. Pigray)

C'est toujours un spectacle pour la famille Pasquet de regarder passer le train après avoir fermé les barrières du passage à niveau de Coudray (coll. Pigray).

Réclamation du maire d'Authon à propos de la levée de la boîte aux lettres de la gare. *« Cette boîte était auparavant remise fermée par le facteur au convoyeur du train. Celui-ci l'ouvrait et dépouillait la correspondance dans son compartiment réservé, à l'abri de tous regards. Aujourd'hui, sous prétexte qu'il y a peu de courrier dans cette boîte, c'est le facteur qui l'ouvre avant l'arrivée du train, au milieu des voyageurs et du public dans la salle d'attente de troisième classe. Il est de ce fait entouré de personnes les plus indiscrètes qui, tout en causant et sans avoir l'air de les voir, examinent lettres et cartes postales qui passent entre ses mains. L'on ne peut tolérer plus longtemps pareilles pratiques... »*, *le Nogentais*, 5 novembre 1911 (coll. Ph. Siguret).

La gare fut sérieusement endommagée par le bombardement allié du 6 juin 1944 (coll. Pigray).

A La Bazoche-Gouët, on attend déjà, en 1908, l'arrivée des voyageurs en automobile ! (coll. Pigray)

« Le nommé Mainguy, qui avait cru faire "à l'œil" le trajet Nogent-Orléans, s'est en fait mis le doigt dedans car il s'est fait pincé par le contrôleur et procès-verbal lui fut dressé. Condamné à 100 francs d'amende, il aurait pu s'offrir, pour ce prix, un wagon spécial ! », *le Nogentais* (coll. Pigray).

Toujours beaucoup d'enfants sur ces quais de gare ! Madame Martin, de son premier étage, surveille sa progéniture (coll. Pigray).

Bien qu'ayant fait partie de l'une des cinq baronnies du Perche-Gouët avant la Révolution, Arrou est plus tourné vers le Dunois que vers le Perche (coll. Pigray).

Gare d'embranchement avec la ligne Courtalain-Chartres par Brou et Illiers (coll. Pigray).

Située à 45 km de Nogent-le-Rotrou, la gare de Courtalain-Saint-Pellerin est également placée à la jonction des lignes Chartres-Mondoubleau et Nogent-Châteaudun.

Toujours dans la rubrique « Informations », en voilà une qui mérite également d'être notée : *« A compter du 1er juillet 1912, la Compagnie de l'Etat informe sa clientèle que les affiches apposées dans ses gares indiquant la marche des trains seront remplacées par un livret-horaire »*. Commentaires du journaliste du *Nogentais* : *« Le seul que nous ayons eu sous les yeux actuellement est d'une complexité si ardue que nous attendons pour le publier. Et pourtant, nous a-t-on dit, que le seul numérotage des heures de 1 à 24 avait été modifié »*.

VII
Ligne de La Loupe à Brou

Cette ligne, enfantée dans la douleur après plus de 18 années de tergiversations sur son tracé ou sur l'implantation des stations, sur l'appellation des gares ou sur leur importance pour classement, est enfin inaugurée en novembre 1899. Chaque commune concernée par le projet argumenta sur l'importance primordiale et l'intérêt capital que représentait pour son commerce et sa population le passage sur son territoire de cette nouvelle voie de communication. A ce petit jeu d'études en avis, d'avis en projets, de projets en contre-projets, d'expropriations en pétitions, la commune de Champrond-en-Gâtine en fut la principale victime. Longue de 44 kilomètres, livrée au service voyageurs le 10 décembre 1899, cette ligne qui avait coûté 2 300 000 de francs, desservait les gares et haltes de Vaupillon, Saint-Victor-Montireau, Frétigny-Montlandon, Saint-Denis-d'Authou, Thiron-Gardais, Chassant, Frazé-Montigny, Mottereau et Brou-Gare. Fin 1936, la Compagnie des chemins de fer de l'Etat annonçait, en langage diplomatique, la reprise de la ligne voyageurs par un service d'autobus qui avait pour avantage de desservir tous les bourgs, même ceux initialement éloignés de leur arrêt-gare. Dans ces conditions, l'affaire fut rapidement entendue. Le service marchandises perdura jusqu'en 1971. Ci-dessus, Brou était en Eure-et-Loir un nœud ferroviaire important de par sa situation sur les lignes de chemins de fer Chartres-Courtalain et La Loupe-Brou. De plus, la gare était tête de ligne du tramway Brou-Nogent-le-Rotrou.

Ligne de Palay à Nogent-le-Rotrou.		
Chapelle-Royale	16,901	2,648
La Bazoche-Gouet	34,973	8,072
Authon-du-Perche	40,958	5,715
Coudray-au-Perche (halte)	21,486	»
Souancé	30,607	1,352
Saint-Lazare (halte)	41,002	»
Nogent-le-Rotrou (local)	26,634	7,475
Id. (transit)	11,599	21,276
Ensemble	224,160	46,538

Ligne de Voves à Toury.		
Prasville	7,627	3,044
Ymonville	14,764	9,059
Fresnay-l'Evêque	14,810	6,059
Trancrainville	6,676	1,222
Janville	28,140	12,319
Toury (local)	15,844	7,765
Id. (transit)	16,480	14,612
Ensemble	104,341	54,080

Ligne de La Loupe à Brou.		
La Loupe (local)	19.652	1.725
Id. (transit)	6.306	9.032
Vaupillon (arrêt)	2.494	»
La Madeleine (arrêt)	3.381	»
Saint-Victor-Montireau	4.597	1.508
Frétigny-Montlandon	8.451	665
A reporter.	44,881	12.930

Tableau indiquant le trafic voyageurs et marchandises (en tonnes) de différentes lignes de l'Eure-et-Loir en 1909.

Puisque la commune de Montigny-le-Chartif n'a pas obtenu l'implantation d'une gare sur son territoire malgré la présence de marchands de vin, de marchands drapiers, d'épiciers, de maréchaux, de meuniers et de nombreux cultivateurs, son conseil municipal souhaite, en compensation, que la gare de Frazé soit située au lieu-dit La Morinière (coll. Pigray).

Située au sein d'une région agricole prospère, la gare de Chassant sera l'une des dernières gares de marchandises en activité sur cette ligne. Madame Marchand mettra la clé sous la porte en mars 1971 (coll. Bacchi).

Monsieur C. Bacchi se souvient avec nostalgie de ses années d'enfance passées avec ses parents dans cette petite gare désormais à l'ombre d'immenses silos (coll. Bacchi).

Remplacement de traverses entre Thiron-Gardais et Chassant (photo Bacchi).

En 1901, la sablière située derrière la gare de Thiron connaît un regain d'activité grâce à son petit train (coll. Guillemin).

Les gares de cette ligne possédaient la particularité d'avoir un toit de halle débordant aussi bien du côté cour que du côté voies.

Monsieur Cariat, chef de gare de Saint-Denis en 1910, surveille l'arrivée du train en provenance de Brou avant d'assister à la descente des voyageurs. Jules Renoult a une nouvelle fois réalisé de superbes clichés (coll. Pigray).

Dans un avant-projet de jonction d'Orléans à la mer par Saint-Malo, qui datait de 1870, la gare de Frétigny devait avoir un embranchement entre la ligne qui la traversait et celle projetée vers Condé-sur-Huisme (coll. Pigray).

Dénommée à l'origine Montlandon-gare, Frétigny rappelle à la Compagnie que cette gare est bien implantée sur sa commune (coll. Pigray).

Même polémique avec Montireau et Saint-Victor-de-Buthon. A l'origine, la gare devait s'appeler Montireau-Saint-Victor. Vive émotion des Saints-Victoriens qui rappellent l'importance de leur population (920 habitants contre 201 habitants à Montireau, en 1881). La raison du plus peuplé l'emporta ! (coll. Pigray)

La vapeur a laissé la place au diesel (photo Bacchi).

VIII
Tramway de Mortagne à La Loupe

N° 210

COMPAGNIE

DU

TRAMWAY A VAPEUR

De Mortagne à La Loupe par Longny

M. Adrien Hurel

demeurant à Mortagne

a souscrit à une actions

de la Compagnie, soit pour une

somme de Cent francs

Mortagne le 17 7bre 1897

N° 210

COMPAGNIE

DU

TRAMWAY A VAPEUR

De Mortagne à La Loupe par Longny

Bulletin de Souscription

Je soussigné (*nom et prénoms*) Adrien Hurel

demeurant à Mortagne

approuvant les statuts de la Société, déclare souscrire à une

actions de **cent francs** chacune et m'engage à verser le premier quart à la date de la constitution définitive de la Société, c'est-à-dire dès que la totalité du capital aura été souscrite.

Mortagne le 17 Septembre 1897

SIGNATURE : Hurel

N.-B. — Faire précéder la signature des mots LU ET APPROUVÉ.

Sur l'initiative d'Etienne Jumeau, fabricant des célèbres poupées, domicilié à Longny-au-Perche, et de A. Sauvaget, une Compagnie des chemins de fer économiques du Perche est créée en septembre 1897. Elle a pour but la construction et l'exploitation d'une ligne de tramway reliant La Loupe à Mortagne-sur-Huisne, avec desserte de la station thermale de Brochard-Valdieu (qui restait à construire). Les souscripteurs à cette société anonyme ne se bousculant pas, le projet avorte. Le Conseil général de l'Orne, sollicité par ailleurs, reprend le dossier en 1904 et le remet sur rails. Messieurs Laval et Gérin obtiennent l'autorisation de construire et d'exploiter ce réseau, avec concession cinquantenaire sous le pseudonyme Compagnie des tramways du département de l'Orne. Les travaux commencent en septembre 1906 et s'achèveront… 7 ans plus tard après un parcours de 52 km et une dépense avoisinant les 3 000 000 de francs. Mais les incidents à répétition, l'usure prématurée du matériel, le déficit financier chronique et l'arrivée de l'automobile dans les campagnes auront raison de la compagnie. La ligne sera définitivement fermée en avril 1935, déclassée deux ans plus tard et aussitôt démontée dans l'indifférence quasi générale. Ci-dessus, bulletins de souscription d'une précédente compagnie qui avait, elle aussi, envisagé en 1897 de construire cette première ligne de tramway ornais.

COMPAGNIE

des

TRAMWAYS DE L'ORNE

LIGNES DE

Mortagne à La Loupe et de La Lacelle à Trun

LONGUEUR TOTALE : 109 KILOMÈTRES 100 MÈTRES

Garantie d'Intérêts et d'amortissement de l'État et du Département de l'Orne

Intérêt de 4 0/0, plus l'amortissement, en 50 ans, du capital engagé par la Compagnie dans l'établissement des lignes et fixé par la convention préfectorale du 17 Mai 1904.

Société Anonyme (en formation)

AU CAPITAL DE 1.500.000 FRANCS

Divisé en 3.000 Actions de 500 Francs

SIÈGE SOCIAL à PARIS, 96, Boulevard Haussmann

Statuts déposés chez Me DECLOUX, notaire à Paris

EMISSION AU PAIR

Suivant les termes de la Loi déclarative d'Utilité publique du 18 Août 1905, promulguée le 23 Août 1905 (*Journal Officiel* du 25 Août 1905), et les conventions insérées en annexes

DE

3.000 ACTIONS DE 500 FRANCS 4 %

INTÉRÊT ANNUEL : **20** Francs, payables semestriellement

PLUS LE TANTIÈME FIXÉ AUX STATUTS COMME DIVIDENDE AUX DATES FIXÉES PAR LE CONSEIL D'ADMINISTRATION

Prix d'émission : 500 Francs par Action

Payables savoir :			TOTAL :
	En souscrivant	125 francs	**500 Francs**
	A la répartition	125 —	
	Trois mois après	125 —	
	Six mois après	125 —	

L'Action libérée à la constitution sera délivrée en titres définitifs au Porteur ou Nominatifs (selon la demande), sous déduction d'une bonification spéciale de cinq francs, soit au prix de 495 francs, jouissance du 1er Octobre 1905.

Les titres sur lesquels les versements appelés ne seraient pas effectués seront passibles d'un intérêt de retard au taux de 6 0/0 l'an.

ON PEUT SOUSCRIRE DÈS A PRÉSENT :

A PARIS : à la BANQUE DES FRANÇAIS, 8, rue Saint-Augustin (2e Arrt) ;

Et chez tous les correspondants de cette Banque, en province.

SI LES DEMANDES DÉPASSENT LE NOMBRE DES TITRES MIS EN SOUSCRIPTION, ELLES SERONT SOUMISES A UNE RÉDUCTION PROPORTIONNELLE

On peut verser les fonds dans toutes les succursales de la Banque de France, au crédit de la **Banque des Français.**

ADRESSE TÉLÉGRAPHIQUE : *SEMAINE FINANCIÈRE, BOURSE-PARIS* — TÉLÉPHONE : 260-37

Sont reçus sans frais en paiement et dès à présent, tous les coupons échus ou à échoir, jusques et y compris ceux du 1er Octobre 1905.

Les Formalités seront remplies pour l'admission à la cote du marché officiel.

La Souscription Publique sera close le 10 Octobre 1905

On souscrit dès à présent « sans frais »
chez
MM. Vve BUGLEAU GENCEY et DUTEIL
Banquiers à MORTAGNE (Orne)

Prospectus annonçant la création de la Compagnie des tramways de l'Orne qui a pour mission de construire les lignes de tramways de Mortagne à La Loupe et de La Lacelle à Trun (septembre 1905).

Groupe d'agents de voies sur leur chantier, près de Mortagne. Le matériel roulant comportait :
- 4 locomotives,
- 12 wagons de voyageurs de 34 places,
- 8 fourgons à bagages,
- 12 wagons plate-forme, 8 wagons tombereaux,
- 15 wagons couverts.

Le personnel se composait de :
- 12 agents de traction,
- 28 agents de mouvements,
- 26 ouvriers de voies,
- 15 ouvriers à l'atelier de Mortagne.

L'atelier Marchand, rue des Vents à Mortagne, actuel entrepôt Desjouis, fond, forge et répare les essieux pour le dépôt-gare de Mortagne.

Un certain nombre de travailleurs employés au montage de cette ligne étaient d'origine italienne. Deux d'entre eux eurent l'idée de ramener des Abruzzes un ours qu'ils présentaient dans les fêtes et foires des alentours. Cliché pris par le photographe Gauquelin et scène identique que l'on retrouve à La Loupe et à Digny.

I. — Section de MORTAGNE à LONGNY

POSITION kilométr.	PRIX 1re classe	PRIX 2e classe	TRAJET DE MORTAGNE A LONGNY — STATIONS & HALTES	Trains descendants 21	23	25	TRAJET DE LONGNY A MORTAGNE — STATIONS & HALTES	Trains montants 22	24	26
0k 000	»	»	Mortagne (station)......	7 20	11 40	16 30	Longny (station).......	9 40	13 40	18 5
3 453	0 45	0 35	Loisail (halte)...	7 30	11 50	16 40	St-Victor-de-Réno, station	10 2	14 1	18 26
7 431	0 60	0 45	St-Mard-de-Réno (halte).	7 42	12 1	16 51	La Forêt (halte)..... ..	10 11	14 10	18 35
11 221	0 95	0 70	La Chapelle-M. (station).	7 54	12 14	17 4	La Chapelle-M. (station).	10 21	14 20	18 45
14 437	1 15	0 85	La Forêt (halte)........	8 4	12 24	17 14	St-Mard-de-Réno (halte).	10 34	14 33	18 58
17 302	1 40	1 »	St-Victor-de-Réno, station	8 12	12 33	17 23	Loisail (halte)........	10 45	14 44	19 9
24 955	1 95	1 40	Longny (station).......	8 32	12 54	17 44	Mortagne (station)......	10 54	14 54	19 19

II. — Section de LONGNY à LA LOUPE

POSITION kilométr.	PRIX Ire Classe	PRIX 2e Classe	TRAJET DE LONGNY A LA LOUPE — STATIONS & HALTES	Trains descendants 1	3	5	TRAJET DE LA LOUPE A LONGNY — STATIONS & HALTES	Trains montants 2	4	6
24k 955	»	»	Longny (station)........	6 10	12 »	17 51	La Loupe (station).....	9 5	14 35	20 15
29 963	0 45	0 35	Le Mage (station).......	6 26	12 16	18 7	Fontaine-Simon (halte)..	9 22	14 52	20 32
32 086	0 60	0 45	Moutiers-au-Perche, halte (Les Grandes-Loges).	6 34	12 24	18 15	Manou (station).........	9 30	15 »	20 40
38 680	1 10	0 80	La Lande-sur-Eure (halte)	6 52	12 42	18 33	Les Masures (halte)....	9 44	15 14	20 54
41 681	1 30	0 95	Neuilly-sur-Eure (station)	7 4	12 54	18 45	Neuilly sur-Eure (station)	9 53	15 23	21 3
43 803	1 45	1 10	Les Masures (halte).....	7 13	13 3	18 54	La Lande-sur Eure (halte)	10 5	15 35	21 15
47 630	1 80	1 30	Manou (station)	7 27	13 17	19 8	Moutiers-au-Perche halte (Les Grandes-Loges)	10 23	15 52	21 33
49 533	1 95	1 40	Fontaine-Simon (halte)..	7 35	13 25	19 16	Le Mage (station)	10 30	15 59	21 40
54 302	2 30	1 70	La Loupe (station)......	7 51	13 41	19 31	Longny (station)........	10 45	16 15	21 56

Premiers horaires de cette nouvelle ligne divisée en deux sections (janvier 1914).

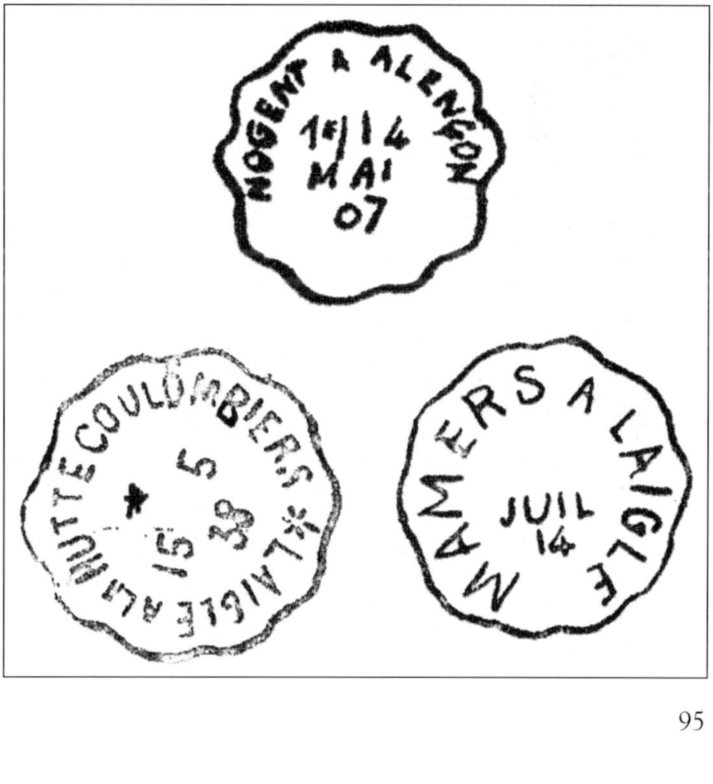

Cachets postaux de convoyeurs-lignes.

La gare de Saint-Mard-de-Réno n'est en fait qu'une halte avec un simple abri en briques, chauffée le cas échéant par un petit Godin rond qui laisse échapper sa fumée par un tuyau qui sort au-dessus de la porte d'entrée.

Petite par la taille mais grosse par la consommation, la loco devient vite un gouffre à charbon d'autant plus que ce dernier, du fait de la guerre, est de très mauvaise qualité. Pour deux aller et retour Mortagne-La Loupe, elle engloutit 17 tonnes du précieux combustible (coll. Pigray).

Le 15 mai 1913, à quelques semaines de l'inauguration de la ligne, un violent orage s'abat sur La Chapelle-Montligeon et ses environs, emportant une partie de la voie. Les festivités seront reportées à plus tard.

Le tronçon Mortagne-Longny sera finalement mis en service, pour les voyageurs, le 4 janvier 1914 (coll. Guen).

Gare de deuxième classe, celle de La Chapelle-Montligeon sera l'une des plus fréquentées de la ligne grâce à ses pèlerinages vers la basilique.

La présence de militaires sur ce quai de gare s'explique par l'existence d'un hôpital temporaire, installé dans les locaux de l'Œuvre expiatoire pendant la Première Guerre mondiale (coll. Guen).

Halte en forêt de Réno avec aiguillage et quai de chargement pour grumes. Elles seront, pour la plupart, débitées en traverses ou envoyées sur le front pour étayer les tranchées (coll. Dancray).

La petite gare de Saint-Victor-de-Réno a vécu ce que vivent les petites gares des petites lignes, c'est-à-dire l'espace d'une vingtaine d'années.

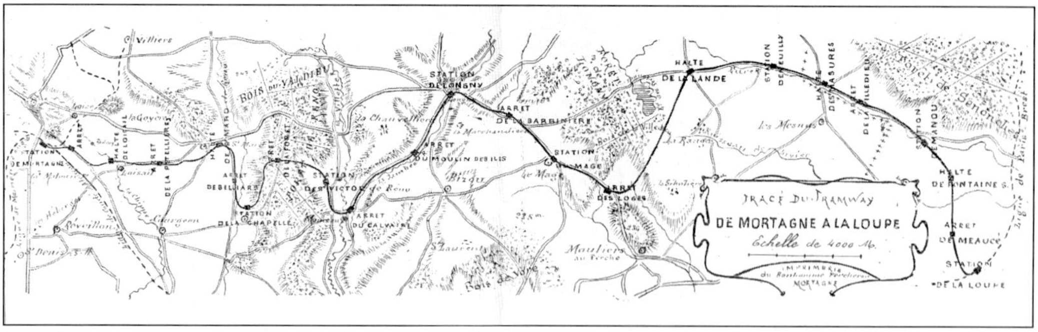

En observant cette carte, tirée de *l'Almanach du Bonhomme Percheron* de 1910, le qualificatif de « tortillard » convient assez bien à ce tram !

Dans le premier projet de création d'une ligne de tramway Mortagne-La Loupe, les promoteurs avaient misé sur la création d'une station thermale à Brochard, d'où la nécessité de la faire passer par ce lieu-dit qui devait devenir, selon les dires des scientifiques consultés, la Côte d'Azur du Perche.

Déjà Brochard avait été rebaptisé «Brochard-les-Bains» et une maison particulière proche de la station avait fièrement arboré un panonceau : Au Café des Bains.

Les travaux de cette ligne débutèrent en fait en son milieu, c'est-à-dire à partir de Longny pour se diriger ensuite vers La Loupe et Mortagne.

Rail de 12 mètres de long fabriqué aux Forges de l'Adour (Basses-Pyrénées). Il était posé sur traverses en bois placées tous les 90 cm. Pour l'instant, onze hommes supportent ses 240 kg (coll. Renaud).

Le ballast de la voie, autour de Longny, fut constitué de *cline*, c'est-à-dire de laitier provenant de l'ancien haut fourneau de Rainville. Son extraction fut d'environ 6 500 m^3. Afin de l'acheminer, une ligne à voies de 60 traversa le bourg (ici place de l'Hôtel de Ville). Le premier convoi se fit le 5 juin 1907, sous le regard ébahi et admiratif des Longnyciens qui, pour la plupart d'entre eux, découvraient la locomotion à vapeur.

Longny était gare de première classe avec un pont-bascule de vingt tonnes, une remise à machines en bois avec fosse de visite, une plaque tournante et une alimentation en eau par château d'eau en tôle avec alimentation par pompage dans la Jambée.

La station de première classe possédait aussi une construction en maçonnerie avec étage pour logement du chef de gare, halle à marchandises, local à bagages et colis, généralement accolés à chaque extrémité du bâtiment central (coll. Guen).

LA PETITE GARE DE LONGNY
Attend toujours son tramway... et se désespère

—

NOVEMBRE 1912

Elle a mis son capulet rouge,
Au pied du coteau s'est assise ;
Elle a mis son capulet rouge
Et revêtu sa robe grise.

Ses grands yeux regardent là-bas,
Mais, hélas ! Là-bas, rien ne bouge :
Celui qu'elle attend ne vient pas,
Malgré son beau capulet rouge.

Ses grands yeux clairs sont tout rêveurs,
Son cœur plein de mélancolie,
En son âme que de douleurs,
Elle se lasse de la vie.

Celui qu'elle attend ne vient pas
Alors pourquoi l'a-t-on créée ?
Elle a vu fleurir les lilas
Depuis déjà *plus d'une année !..*

. . . .
. . . .

Elle a vu fleurir les lilas
Et toujours reste abandonnée.

Sur son joli capulet rouge,
Les frimas vont jeter leur voile ;
Sur son joli capulet rouge,
Que nuageuse est son étoile !..

⁂

JUILLET 1913

Depuis que sont éclos ces vers,
Juin a fait refleurir les roses.
Rien ne marche plus de travers,
Même on parle d'apothéose.

On dit certain que nous verrons
En juillet... mais à quelle date ?
Le tramway que nous... espérons.
Qu'il vienne donc ! et qu'il se hâte.

. . . .
. . . .

Nous sommes prêts, nous l'attendons....
S'il n'a pas de fil à la patte.

... N. N.

Les poètes locaux s'impatientent et riment à qui mieux-mieux.

Le jour tant attendu est enfin arrivé : 3 août 1913, la section Longny-La Loupe est inaugurée après six ans de travaux.

Par souci d'économie, la ligne emprunta, quand elle le put, les voies de communication déjà existantes ou leurs bas-côtés, comme à Saint-Victor-de-Réno, où entre Monceaux et Longny et, comme ici, dans le bourg du Mage (coll. Renaud).

Située en haut du bourg, dans la pointe des routes allant vers Moutiers au Perche et les bois de Voré, la halte du Mage possède encore beaucoup de caractère avec son quai et son piquet de fer pour afficher les horaires.

Construction-type des gares de cette ligne : maison de fonction du gérant accolée à un bâtiment servant d'abri aux marchandises, lui-même séparé de la voie par un quai de déchargement ou d'embarquement surélevé (coll. Dancray).

L'automotrice ou autorail est une De Dion-Bouton JM2 12, d'une capacité de 16 places assises, de 9 debout avec 5 strapontins dans le compartiment bagages. Les banquettes sont en bois. Une galerie sur toiture peut supporter 500 kg de bagages. Poids du véhicule : 5,6 tonnes. Puissance : 18 CV. Vitesse : 45 km/h. Un panonceau placé au-dessus de la tête du conducteur était libellé : *« Il est interdit de parler au Watman »*. C'est ainsi que Pierre Cirou, de Saint-Victor-de-Réno, apprit son premier mot d'anglais ! (coll. Dancray).

Afin de réduire les dépenses, la compagnie acquiert deux autorails qu'elle met en service-voyageurs à partir de 1924 ; la vapeur restant en fonction pour le service marchandises ou les trains spéciaux de pèlerinages, foires et fêtes (coll. Dancray).

AUTOBUS LA LOUPE-LONGNY-MORTAGNE — Service au 8 Juillet 1935

AUTOBUS. Column headings as printed: t1–t2 Tous l. jours; t3 Mardi; t4 Tous l. jours; t5–t7 Mardi; t8–t10 Tous les jours. From Longny dép. down: t2–t3 Samedi; t5–t6 Tous l. jours.

STATIONS	t1	t2	t3	t4	t5	t6	t7	t8	t9	t10
La Loupe (ville) d.				(1) 10 00					18 00	b 18 55
La Loupe (gare) d.		7 55	8 55	10 05	11 25	12 00	12 30		18 05	19 00
Meaucé			9 00	10 10	11 30		12 35			19 05
Manou			9 07	10 17	11 37		12 42			19 12
Les Menus				10 25			12 50			19 20
Neuilly-sur-Eure				10 30			12 55			19 25
La Lande				10 33			13* 10			19 30
La Madeleine		8 08				12 13	13 30		18 18	
Moutiers-au-P.		8 15					13 37		18 25	
Le Mage				10 43			13 45			19 40
Longny arr.				10 55			13 55			19 50
		Samedi			Tous l. jours					
Longny dép.	6 15	9 25		11 00			* Passe à La Lande-Bourg à 13 h. 05	17 30		
St-Victor-de-Réno	6 25	9 35		11 10				17 40		
Monceaux	6 30	a9 45		11 15				17 45		
La Chapelle-M.	6 40	9 55		11 25				17 55		
Courgeon	»	10 00		11 30				»		
St-Mard-de-Réno	6 45	»	10 25	»	12 40	15 50		18 00		
Loisail-Bourg	6 53	»		»		15 58				
Loisail-carref.	6 54	10 04		11 34		15 59				
Mortagne-gare arr.	7 00	»		11 40	12 55	»		18 10		
Mortagne-ville arr.	7 05	10 10	10 40	11 45	13 00	16 05		18 15		

AUTOBUS. Column headings as printed: r1 Tous l. jours; r2 Mardi; r3 Tous l. jours; r4 Samedi; r5 Tous l. jours; r6 Samedi; r7–r10 Tous les jours. From Le Mage down: r4 Mardi; r6–r7 Mardi.

STATIONS	r1	r2	r3	r4	r5	r6	r7	r8	r9	r10
Mortagne (ville) d.		* Passe à La Lande-Bourg à 8 h. 05	7 10	10 10	12 20	14 30	15 30	16 10		19 30
Mortagne (gare) d.			7 20	»	12 25	14 35	15 35	16 15		19 35
Loisail-carref.				10 16	12 31	14 41		16 21		19 41
Loisail-Bourg				10 17	12 32					19 42
St-Mard-de-Réno			7 35	10 25	12 40		15 50			19 50
Courgeon			»			14 45		16 25		»
La Chapelle-M.			7 40			14 50		16 30		19 53
Monceaux			7 c50			15 05		16 40		20 05
St-Victor-de-Réno			7 55			15 10		16 45		20 10
Longny arr.			8 05			15 20		16 55		20 20
Longny dép.	7 00	7 15						17 00		
				Mardi		Mardi				
Le Mage	7 10	7 25						17 10		
Moutiers-au-P.		7 33	8 15						18 25	
La Madeleine		7 40	8 22				12 15		18 32	
La Lande	7 20	8* 00						17 20		
Neuilly-sur-Eure	7 25	8 15						17 25		
Les Menus-carref.	7 30	8 20						17 30		
Manou	7 38	8 28		9 08		11 38		17 38		
Meaucé	7 45	8 35		9 15		11 45		17 45		
La Loupe (gare) a.	7 50	8 40	8 35	9 20		11 50		17 50	18 45	
La Loupe (ville) a.		»	8[2] 40	»		»	12 28	17 55	18 50	

1) Le mardi part de la gare. — 2) Le mardi ne va pas en ville.
a) Passe par Monceaux-Bourg. — b) Si des voyageurs en provenance du train de Paris n° 513 désirent utiliser ce service pour se rendre à La Madeleine et Moutiers-au-Perche, la voiture est déviée par ces localités. — c) A titre d'essai, le mardi et les jours de foire à Longny passe par Monceaux-Bourg.

La ligne d'autorails vient d'être fermée. Depuis ce 8 juillet, elle est remplacée par une ligne d'autobus. Afin de faire taire les critiques, la compagnie a annoncé son passage dans les bourgs mêmes. Courgeon en est le principal bénéficiaire.

Fontaine-Simon fut une commune privilégiée puisqu'elle posséda sur son territoire une gare (ligne de chemin de fer La Loupe-Verneuil) et la halte du tramway avant son arrivée à Meaucé.

La municipalité de La Loupe se désengagea rapidement des annuités de versement qu'elle s'était engagée à rembourser au conseil général de l'Orne pour implantation de la ligne sur son territoire et aménagements de sa gare, ce qui n'arrangea pas le dialogue entre la Compagnie et les départements de l'Orne et de l'Eure-et-Loir... un comble pour un moyen de communication !

IX
Tramway de Nogent-le-Rotrou à Brou

Soutenue par le Conseil général du département, la société anonyme de la Compagnie des tramways d'Eure-et-Loir qui succède au Groupe Verney est constituée en mars 1899. Elle a pour mission de construire et d'exploiter les nouvelles lignes de tramways dont les chefs-lieux de cantons sont alors friands. C'est ainsi qu'en juillet 1908 est ouverte aux voyageurs, puis en août aux marchandises, la ligne Brou-Nogent-le-Rotrou d'une longueur de 36 km par Trizay-Coutretot, Vichères, Beaumont-les-Autels, Miermaigne, Luigny, Moulhard, Unverre, Dampierre-sous-Brou et Brou. En février 1926, une automotrice Crochat C3 est affectée au service voyageurs malgré des essais peu concluants. La ligne sera définitivement fermée le 1er janvier 1934. Ci-dessus, est-on en train d'assister au départ d'une course entre machine à vapeur et moteur à explosion ?

Le point de départ de ce tramway était situé place de la Gare. L'abri, aux briques crème et rose, délicieusement entrelacées, ne délivrait pas de billets et n'existait pas à l'origine. La ligne ferma en 1934 et, dès l'année suivante, les riverains de cette construction mosaïquée demandèrent sa destruction prétextant qu'elle servait désormais à des rencontres nocturnes que la morale réprouve !

Pas évident de se frayer un chemin à travers la ville ! Voici un aperçu de son itinéraire à partir de Nogent-Gare : sortir de cette place par l'avenue de la Gare, emprunter la rue Saint-Hilaire puis la rue Tochon, la place du Champ-de-Foire que l'on traverse en biais, entrer dans la rue Marin-Dubuard puis dans la rue Mauté-Lelasseux, la rue Saint-Laurent, la rue des Poupardières, la rue des Bouchers pour atteindre la vallée de la Berthe.

La gare du tramway avant l'installation des voies et avant sa restructuration en école de musique. Remarquez l'importance du remblai côté jardin.

Le 20 novembre 1908, la municipalité de Nogent demande à la Compagnie de bien vouloir équiper ses locomotives de fumivores, c'est-à-dire d'appareils destinés à consumer les fumées à leur sortie. Comme on la comprend en voyant ce document !

En août 1910, le journal *le Nogentais* se fait le porte-parole des habitants du Paty qui se voient admettre avec difficultés dans le tramway lorsqu'ils ne possèdent pas de billet et pour cause, le Paty n'est qu'un arrêt facultatif. Commentaire du journaliste : *« N'oublions pas que ce service est fait pour le public et qu'il est toujours possible de payer en cours de route »*.

De Pados à La Plante. Dans les horaires initiaux, une halte était prévue à Pados et déjà la polémique enflait pour savoir quelle orthographe on appliquerait sur le panneau d'arrêt de cette halte : *Pas d'Eau, Pados ou Padeaux* ? D'éminents spécialistes en la matière se penchaient déjà sur la question lorsque la compagnie décida de fixer l'arrêt à La Plante. L'affaire était réglée ! (coll. Siguret)

Comme tout employé de gare du tramway, la gérante doit être à son poste une demi-heure avant et après le passage du convoi, soit une présence d'environ trois heures par jour, sept jours sur sept. Compte tenu de ces contraintes et de la faiblesse du rapport financier, c'est en général une voisine de la gare qui occupe cette fonction, se faisant remplacer par ou remplaçant sa collègue proche le cas échéant (coll. Siguret et Pigray).

Le train, c'est bien ! Encore faut-il être véhiculé dans des conditions décentes. Voici ce qu'en dit le maire de Vichères en mars 1918 : « *Nos trains ne comportent habituellement que deux voitures quelle que puisse être l'affluence des voyageurs qui sont souvent obligés de se tenir debout sur les plates-formes et de se réfugier dans le fourgon quelque temps qu'il fasse* ». Cette récrimination portera ses fruits puisque quelques semaines plus tard, le sous-ingénieur subdivisionnaire de Brou lui répond qu'il accrochera désormais un troisième wagon les jours de marchés et de foires (coll. Pigray).

« *S'il ne faut que 55 minutes pour qu'un voyageur se rende de Nogent à Beaumont, il n'en va pas de même pour une lettre mise à la poste le samedi soir à 20 heures et qui n'arrive que le lundi matin, si elle emprunte ce maudit tramway !* » s'indigne un lecteur du *Nogentais* en octobre 1909. Heureusement, ce n'est plus comme cela maintenant… (coll. Pigray).

Belle vue sur la plate-forme du troisième wagon du tramway.

Commentaires de G. Fauquet concernant l'inauguration de la ligne en juin 1908 : « *A Beaumont, on s'étonne que la société de musique, qui anime d'ordinaire toutes les manifestations de la commune, ne soit présente. Renseignements pris, monsieur le Maire a oublié de la convoquer* ». « *A Vichères, l'adjoint au Maire bredouille quelques mots sur la vaillance républicaine de sa commune* ». « *A Trizay, arrivée à pied de Nogent de monsieur Violette, député de Dreux, qui tient à effectuer le dernier kilomètre en tram* ».

« *A Miermaigne, le Maire se contente d'offrir des fleurs à monsieur le Ministre* » (coll. Pigray).

Suite des commentaires de G. Fauquet concernant l'inauguration de la ligne : « *A Luigny, le Ministre félicite les enseignants qui ont eu 15 reçus au certificat d'études sur 15 présentés* » (coll. Pigray).

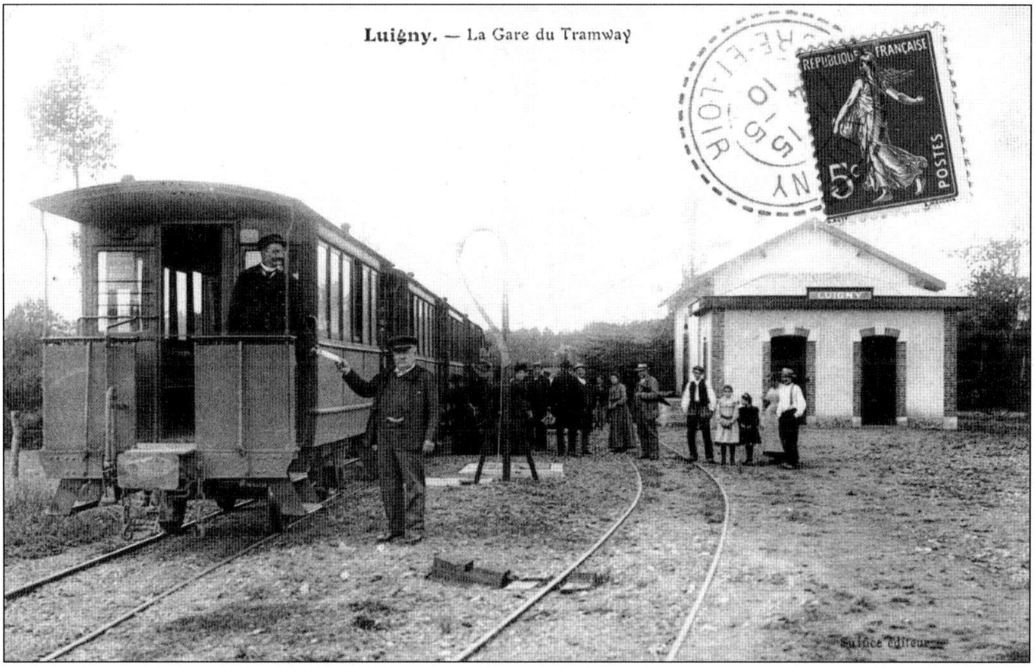

En février 1913, madame Dugué, receveuse titulaire de la station de Moulhard, a dû s'absenter pour cause d'accouchement. Pendant ses quinze jours d'absence, elle n'eut pas de remplaçant au grand dam du maire. Ce dernier ayant dénoncé vigoureusement cette carence auprès de l'administration, le sous-ingénieur subdivisionnaire de Chartres lui fit cette réponse : « *Compte tenu de l'activité de cette station, la présence d'une receveuse n'est pas indispensable puisque dans toute l'année 1911, elle n'eut à enregistrer que 66 expéditions et 256 arrivages, soit en moyenne une expédition tous les cinq jours et à peine un arrivage par jour. Le service pourrait donc être dévolu au conducteur du train pendant les absences de madame Dugué* ». Voilà pour la rentabilité ! (coll. Pigray).

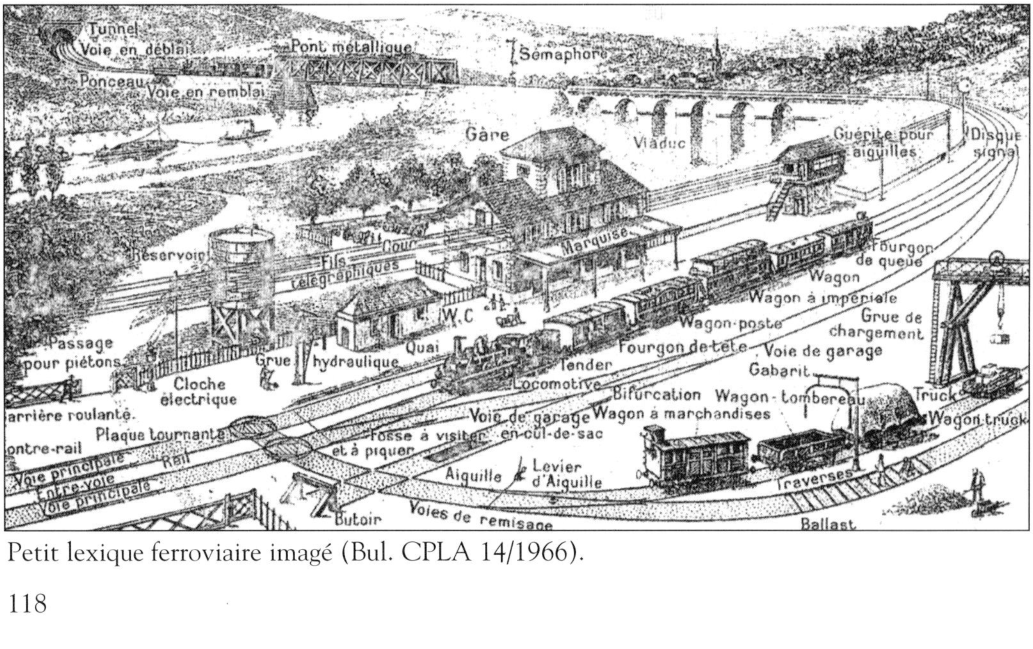

Petit lexique ferroviaire imagé (Bul. CPLA 14/1966).

Suite de l'inauguration : « *Unverre n'intéressa que peu monsieur le Ministre ; s'il eut été à boire, il en eut certainement été autrement* » (coll. M. T.).

11 juillet 1908. Le Conseil municipal de Dampierre réclame la construction d'un abri pour voyageurs avec bureau ou si cela ne se peut, un abri avec marquise compte tenu de l'importance de sa participation financière à l'implantation de la ligne au vu du nombre de ses habitants. Satisfaction lui sera partiellement donnée avec la réalisation d'un abri, petit modèle, de 6,29 m sur 2,70 m, que l'on aperçoit d'ailleurs sur cette photo (coll. Pigray).

Arrivée du train en gare de Dampierre avec largage de vapeur (coll. Pigray).

D'importants travaux de remblais aux environs de Brou furent nécessaires afin de limiter le pourcentage des pentes (coll. Pigray).

L'inauguration de la ligne de tramway de Brou à Nogent-le-Rotrou eut lieu le lundi après-midi 29 juin 1908, en présence de monsieur Barthou, ministre des Travaux publics. S'il est précisé « *après-midi* », c'est que la matin même, notre ministre avait inauguré la ligne Angerville-Chartres. Voici ce qu'en rapporte G. Fauquet dans son journal du 5 juillet : « *A Brou, grand tralala ; banquet à une heure, soleil ardent, pluie de discours, de palmes et de médailles* ». Le cortège officiel a attiré la foule des grands jours… pour un lundi ! (coll. Pigray).

A peine mis en service, le tramway suscite la polémique entre Broutains et Nogentais, ces derniers accusant la compagnie d'avoir largement favorisé la ville de Brou en dénommant, sur ses affiches d'horaires, la ligne « *Brou à Nogent-le-Rotrou* » et non l'inverse. Jugez-en plutôt au travers de cet article du *Nogentais* du 12 juillet. « *Il ne faut pas se figurer que les 50 000 francs dépensés par la ville de Nogent favorisent nos intérêts, non ! Ils serviront simplement à payer l'honneur que nous fait la ville de Brou en permettant que son tramway vienne jusqu'à nous... Il est vrai que Nogent, qui compte 8 500 habitants, est quantité négligeable, comparé à Brou qui en compte quand même 3 000* » (coll. Pigray).

X

Ligne privée : Soligny-La Trappe

On aperçoit nettement la ligne du petit train de Soligny qui reliait les Grandes Bruyères à la gare du village, en passant devant le monastère. Afin d'exploiter une carrière de kaolin de grande qualité selon les dires d'un certain Hézard, ingénieur géologue de Haute-Saône, spécialiste en céramique, les moines de la Trappe, après avoir acquis 22 hectares de landes sur la commune de Prépotin, lieu-dit les Grandes Bruyères, achètent en juillet 1894 les terrains nécessaires à la construction d'une voie ferrée qui relierait leur carrière à la gare de Soligny.

Le temps presse car les religieux souhaitaient ardemment que cette ligne soit ouverte exceptionnellement aux voyageurs et pèlerins qui viendraient à l'abbaye lors des fêtes religieuses pour la dédicace de la nouvelle église prévue le 30 août 1895. Naturellement leurs souhaits furent exaucés et l'on inaugura la petite ligne de Soligny à la Trappe, longue de 4,716 km, la veille de la consécration de l'église. Pendant les 10 jours que durèrent ces fêtes, près de 50 000 voyageurs empruntèrent les 10 trains spéciaux, en plus des 3 trains réguliers, mis à la disposition des organisateurs des cérémonies par la direction des Chemins de fer de l'Ouest sur la ligne Mortagne-Sainte-Gauburge. La compagnie alla même jusqu'à acheminer, de Paris Saint-Lazare, 15 voitures de banlieue à impériale pour assurer le service sur la ligne de l'abbaye. Malheureusement pour les moines qui avaient foré nombre de puits en vue d'extraire *l'or blanc*, le prétendu kaolin est de qualité fort médiocre pour les uns et n'est qu'un simple argile tout juste bon à fabriquer de la faïence pour les autres. Les centres de Bayeux, Digoin et Sarreguemines contactés ne sont guère intéressés par ce matériau. De plus, l'on vend 5 francs la tonne de « kaolin » rendue gare de Soligny alors qu'elle revenait à 6 francs, prix de départ des Grandes Bruyères. Bref, l'existence de cette ligne fut aussi éphémère que ses dix jours de gloire. Une petite loco, certainement mise à disposition par la Compagnie de l'Ouest à nos religieux, tira pendant quelques années quatre wagonnets chargés de kaolin, qu'elle bennait sur le quai de la gare de Soligny en attendant son chargement vers d'autres cieux. La ligne fut déposée en 1915 et les 271 tonnes de rails, rachetés par la société Espagne d'Alençon, furent vite reconvertis en matériel d'armement. Ci-dessus gravure tirée de *l'Illustration*, 1894.

XI
Autres lignes

Ligne de tramway Nogent-le-Rotrou-Bellême. Fin 1898, la municipalité de Nogent-le-Rotrou émet un avis favorable à l'implantation d'une ligne de tramway qui la relierait à Bellême par Berd'huis, Préaux, Nocé et Colonard. Sa fréquentation serait de trois allers et retours quotidiens, à une vitesse moyenne de 20 km/h, arrêts compris. Nogent serait ainsi aussi bien pourvu en tramways que Brou qui venait d'avoir confirmation d'ouverture de ligne vers La Loupe (coll. Dancray).

La ligne de tramway espérée s'est mue en service d'autobus. Ici, arrêt de l'autobus devant l'hôtel de ville de Nocé. Le projet précédent tardant à voir le jour, la municipalité nogentaise se tourne alors vers Illiers en lui proposant de la joindre par un service de tramways qui passerait par Margon, Brunelles, Coudreceau, Thiron-Gardais, Combres, Happonvilliers et Nonvilliers (délibérations du 16 février 1900). Cet autre projet restera à jamais dans les cartons ! (coll. Dancray).

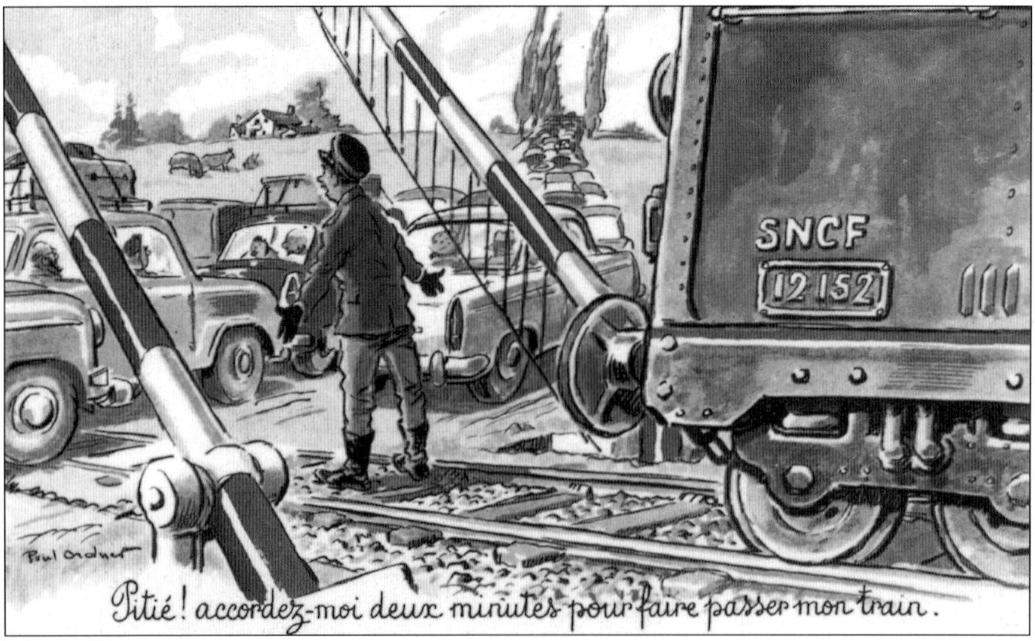

Désormais, la route a pris le pas sur le rail… comme l'atteste cette carte humoristique.

Type de voyageurs des années 1930 (photo Bacchi).

Dans le Nogent-Courtalain vers 1933-1934 (photo Bacchi).

Ce Livret-Horaire doit être distribué GRATUITEMENT

CHEMINS DE FER DE L'ÉTAT — SERVICE D'HIVER 1935-1936

Voyager par Chemin de Fer = Economie - Vitesse - Confort - Sécurité

Pour tous vos déplacements, empruntez nos trains et nos autorails, qui assurent des relations rapides entre les petites localités et les grands centres

L'autorail vous permet d'aller :
D'Évron à Paris en 4 heures — De Conlie à Paris en 3 h 20
De Bretoncelles à Paris en 2 heures

RELATIONS A GRANDE DISTANCE

Grâce à l'autorail les relations directes entre Dieppe, Rouen, Caen, Alençon, Le Mans, Sablé, Angers, Nantes et Bordeaux ont été améliorées

Un autorail "Bugatti" vous permet d'aller :

Du Mans à Caen en	2 h. 20
Du Mans à Lisieux en	2 h. 37
Du Mans à Trouville-Deauville en	3 h. 14
Du Mans à Rouen en	2 h. 35
Du Mans à Dieppe en	3 h. 16
Du Mans à Nantes en	1 h. 49
Du Mans à Bordeaux en	7 h. »

NOTA. — Les renseignements contenus dans le présent document ont été établis avec le plus grand soin. Toutefois, les Chemins de Fer de l'État n'entendent pas assumer de responsabilité à raison des inexactitudes qui pourraient être relevées

Ce Livret-Horaire doit être distribué GRATUITEMENT

Couverture du livret-horaire des Chemins de fer de l'Etat (1935) qui deviendront Société nationale des chemins de fer (SNCF) le 1er janvier 1938.